2016-2017年中国工业和信息化发展系列蓝皮书

The Blue Book on the Development of Beidou
Navigation Industry in China (2016-2017)

2016-2017年
中国北斗导航产业发展
蓝皮书

中国电子信息产业发展研究院　编著

主　编／樊会文

副主编／李宏伟

人民出版社

责任编辑：邵永忠　刘志江

封面设计：黄桂月

责任校对：吕　飞

图书在版编目（CIP）数据

2016－2017 年中国北斗导航产业发展蓝皮书／樊会文 主编；

中国电子信息产业发展研究院 编著．—北京：人民出版社，2017. 8

ISBN 978－7－01－018038－0

Ⅰ. ①2… Ⅱ. ①樊… ②中… Ⅲ. ①卫星导航—产业发展—白皮书—中国—

2016－2017　Ⅳ. ①F426. 63

中国版本图书馆 CIP 数据核字（2017）第 194729 号

2016－2017 年中国北斗导航产业发展蓝皮书

2016－2017 NIAN ZHONGGUO BEIDOU DAOHANG CHANYE FAZHAN LANPISHU

中国电子信息产业发展研究院 编著

樊会文 主编

人民出版社出版发行

（100706　北京市东城区隆福寺街 99 号）

三河市钰丰印装有限公司印刷　新华书店经销

2017 年 8 月第 1 版　2017 年 8 月北京第 1 次印刷

开本：710 毫米×1000 毫米 1/16　印张：12. 5

字数：200 千字

ISBN 978－7－01－018038－0　定价：60. 00 元

邮购地址　100706　北京市东城区隆福寺街 99 号

人民东方图书销售中心　电话（010）65250042　65289539

前　言

卫星导航系统是国家战略性空间信息基础设施，对于保障国家安全、推动经济社会发展具有重要意义。四大全球卫星导航系统包括美国的 GPS（全球定位系统）、俄罗斯的 GLONASS（格洛纳斯）、欧盟的 Galileo（伽利略）以及中国的 BDS（北斗卫星导航系统）；区域卫星导航系统包括日本的准天顶卫星系统（QZSS）、印度的区域导航卫星系统（IRNSS）。卫星导航产业由功能配套、持续稳定的导航卫星空间运行系统、地基增强系统及其关联系统、终端产品组成。

一

从全球卫星导航产业发展来看，美国 GPS 具有技术优势与先发优势，卫星导航产业发展市场最成熟、产业链最完善、应用最广泛，是 2016 年全球卫星导航产业的最大受益者，也是卫星导航系统应用和产业化发展最重要的支撑力量。欧洲和俄罗斯卫星导航技术水平仅次于美国，应用市场规模紧随其后，是全球卫星导航产业发展的重要推动力量。2016 年，中国北斗卫星导航系统建设部署稳步推进，导航服务性能不断提升，应用范围持续扩大，国际市场地位和影响力逐步提升。赛迪智库测算，全球卫星导航产业（拓展市场）规模达到 2800 亿美元左右，同比增长 6.5%；全球卫星导航产业（核心市场）规模达到 1720 亿美元，同比增长 8%。

系统建设方面，2016 年全球进入卫星导航系统部署和建设高峰期，卫星导航产业国际竞争日趋激烈。美国实现了 GPS - 2F 卫星全部部署，完成了 GPS 现代化改进计划第二阶段的任务。俄罗斯发射了两颗格洛纳斯 - M 卫星，第三代导航卫星格洛纳斯 - K 首颗业务星正式服役。欧洲发射了两批 6 颗伽利略全球导航卫星，实现了初始运行能力。日本、印度等自主研发的区域卫星导航系统也竞相提速发展。随着各国卫星导航系统加速建设部署并投入运行，全球卫星导航产业的国际竞争更趋激烈，伴随而来的国际合作交流也不断加深。

产业发展方面，卫星导航系统与卫星遥感、卫星通信等系统融合发展，天地一体化信息网络构建成为全球趋势；产业应用细分领域不断拓宽，系统集成和运营服务是主要发展方向；合作推动卫星导航终端兼容操作，携手开拓卫星导航应用产业的国际新市场成为共识。

二

2016 年，我国北斗系统按照"三步走"发展战略稳步建设和发展，北斗产业保障体系、应用推进体系和产业创新体系加快构建，自主可控、完整成熟的北斗产业生态加速形成。通过对全年我国卫星导航产业和北斗产业发展的分析，赛迪智库经测算认为：2016 年我国卫星导航产业产值约 2200 亿元，同比增长 16%；2016 年我国北斗卫星导航产业规模约 1000 亿元，同比增长 32%。

2016 年，我国共成功发射 3 颗北斗卫星，北斗全球系统建设顺利推进；北斗地基增强系统正式提供服务；具有自主知识产权的国产北斗芯片加快市场推广步伐；北斗企业并购重组更加活跃；北斗系统服务精度和可靠性大幅提高；北斗系统应用范围进一步拓展。目前，北斗系统已逐步渗透到社会生产生活的方方面面，为全球经济社会发展不断注入新的活力。2016 年北斗导航产业发展整体上呈现五大特点：自主创新能力不断增强；北斗民用市场持续开发；跨界融合继续拉动北斗产业发展；区域合作推动北斗产业发展；北斗国际化应用稳步推进。

三

北斗卫星导航系统作为国之重器，自诞生之初便一直受到国家和地方政府坚定支持，出台系列政策规划，对卫星导航产业长期发展进行了系统部署。2016 年，北斗导航产业政策继续加码，利好政策不断出台，制度环境持续优化。

国家层面，《卫星导航条例》研究项目正式列入国家立法工作计划，北斗系统法律地位逐步确立；《中国北斗卫星导航系统》和《2016 中国的航天》白皮书陆续发布，彰显了我国建设发展北斗系统的决心和信心；北斗系统发展融入"一带一路""信息化发展"等战略规划之中，体现了北斗在国家整体发展中的战略地位；交通、测绘、旅游、农业等北斗应用政策更为细化具体，助推了行业和大众应用加速落地；国际合作与交流务实开展，推动了北斗系统国际化步伐和全球卫星导航事业发展。

地方层面，北斗卫星导航与位置服务产业庞大的市场不断吸引着各地政府持续关注，2016 年，河南、广东、湖北、湖南等省结合行业领域"十三五"规划编制等工作，紧密融入国家重大发展战略，出台了一系列扶持北斗应用与产业发展的促进措施，政策的可操作性和落地性进一步增强，也更加贴合地方发展需求。全年地方北斗支持政策呈现两大亮点：一是基于北斗的天空地一体化的自主时空信息服务体系日益受到地方政府重视。广东省率先出台了《广东省自主时空信息服务"十三五"规划》，以抢抓自主时空信息服务产业发展先机，发挥全省信息技术和产业领先优势，打造自主时空信息服务体系，培育发展新动能。二是以北斗卫星及自主技术装备为主要支撑的现代测绘基准体系构建成为地方共识。自国家《测绘地理信息事业"十三五"规划》印发以后，黑龙江、陕西、浙江、江西、江苏、湖北等地主动对接并积极贯彻落实规划部署要求，结合地方实际需求纷纷出台了相应政策。

四

2016 年，北斗行业/区域应用亮点突出。公安领域，北斗应用逐步从局部、典型应用向规模化、体系化应用展开。新疆、西藏、云南等地重点开展北斗警用试点建设；宁夏、安徽、新疆等多个省区的公安系统均配置了加装了北斗定位功能的警车、手持移动警务终端、北斗指挥机、北斗导航仪等警用设备，在应急通信保障、防恐、缉毒等方面大大增强了公安系统的应急通信能力、警力资源动态调配能力和打击犯罪分子的执法能力。防灾减灾和灾害救援领域，民政部主导建设的国家北斗综合减灾服务系统已实现全国 90%

以上灾害高风险区的覆盖。应急通信领域，湖北、福建等省部分地市逐步完成北斗卫星通信终端站点的建设改造；边远地区如西双版纳等地的北斗应急通信系统已建成。气象领域，在北斗探空、北斗反射信号探测、北斗预警发布和北斗水汽电离层系统建设等方面不断涌现新应用，我国高空探测系统已全面采用北斗探空系统，每年消耗北斗探空芯片近 20 万片。海洋渔业领域，我国渤海、黄海、东海、南海等海域有 10 万多条渔船上安装了北斗终端，有力保障了广大渔民的海上作业安全。智慧城市领域，2016 年 6 月，国家北斗精准服务网开通运营，已为 25 省（区、市）317 座城市的各种行业应用提供北斗精准服务。电力能源领域，2016 年北斗系统首次在配电网领域应用，已有 100 套北斗终端在河北秦皇岛九条供电线路上试运行，实现了配电网故障远程监控等功能。智慧旅游领域，基于北斗的精准定位服务逐渐走向旅游市场，中电科 54 所提出我国首个基于卫星导航的智慧景区位置服务系统，并选取九寨沟景区作为首个应用景点示范。

五

通过回顾总结 2016 年全球卫星导航产业、我国卫星导航产业以及北斗卫星导航产业的发展概况，赛迪智库对 2017 年发展趋势作出如下判断：

市场规模方面，第一，2017 年全球卫星导航产业（拓展市场）规模将超过 3000 亿美元，同比增长 8%，预计到 2020 年将达到 3800 亿美元左右。第二，2017 年我国卫星导航产业规模 2600 亿元左右，同比增长 18%，预计到 2020 年将超过 4600 亿元。第三，2017 年我国北斗卫星导航产业规模将达到 1350 亿元，同比增长 35%；预计到 2020 年将超过 3000 亿元，占全国卫星导航产业规模的 71% 左右。

系统建设部署方面，四大全球卫星导航系统空间段和地面段等基础设施更新换代和建设步伐将加快，2017 年美国计划发射首颗 GPS III 卫星，我国北斗卫星预计发射 6—8 颗。可以预见，未来一段时间四大全球卫星定位系统的国际竞争将更加激烈，美欧俄等卫星导航技术发达的国家和地区将继续发力，以保持其在卫星导航定位领域的领先优势，并助推其夺取全球时空信息主导权；我国北斗全球系统也将稳步建设和发展，加快为全球用户提供连续稳定可靠的服务。

技术创新方面，高精度定位技术创新及应用已成为并将继续是卫星导航领域国际发展热点和国内各界关注焦点，高精度基础设施陆续建设，高精度板卡、终端不断推陈出新，高精度行业应用解决方案不断创新。随着 GNSS 渗透率的增长、信息基础设施的完善、国内外市场对高精度定位需求的增加、芯片技术的发展，以及多传感器的融合，高精度导航定位能力将不断提高，高精度位置服务产品将不断面世，高精度位置服务模式将不断创新。

国际交流合作方面，合作方式将更加多元，合作内容将更加深入。随着我国"一带一路"倡议实施，北斗系统将加速走出国门，与沿线国家、地区和国际组织的合作将更加紧密，合作内容将覆盖卫星导航领域的科学研究、技术交流、宣传培训、产品输出等各个方面。卫星导航系统作为全球性公共资源，多系统兼容与互操作已成全球卫星导航产业的发展趋势，当前市场中近 65% 的芯片组和模块支持多系统兼容运行。随着国际合作交流的逐步加深，未来与其他卫星导航系统的兼容共用产品将成为卫星导航定位市场上的标配产品。在"一带一路"倡议深入实施、国家政策大力推动和国内外市场需求牵引下，北斗应用的产业化、市场化和国际化深度与广度都将得到大幅度提升，北斗应用市场潜力也将得到极大释放。

作为工业和信息化部赛迪智库军民结合研究所推出的第四部北斗导航产业发展蓝皮书，本书旨在全面、系统、客观地总结全球卫星导航产业的发展现状，特别是近一年来我国北斗卫星导航产业取得的进展及特点、趋势等，以期为有关部门决策、学术机构研究北斗卫星导航产业发展提供参考和支撑，为推动北斗系统的应用和产业化发展贡献力量。

北斗卫星导航产业是典型的军民融合产业，对该领域的深入研究是一项极富挑战性的工作。赛迪智库军民结合研究所投入大量的人力、物力，进行了广泛的调查和认真细致的研究，最终形成该蓝皮书。敬请广大专家、学者和业界同人提出宝贵意见。

目　　录

行 业 篇

区 域 篇

企 业 篇

政　策　篇

热 点 篇

展 望 篇

综合篇

第一章 2016 年全球卫星导航产业发展状况

卫星导航系统是关系国计民生和国家战略安全的重要基础设施，对于实现国家的信息化、智能化和现代化具有重要意义。卫星导航产业由功能配套、持续稳定的导航卫星空间运行系统、地基增强系统和星基增强系统、终端产品、系统集成运营服务等组成，通过基于定位、导航和授时功能的时空信息产品、系统解决方案、终端设备等，为行业应用和大众消费市场提供基于时刻信息的位置、定位和授时服务。2016 年，全球和区域卫星导航系统加快部署完善，美国加快部署 GPS III 卫星，欧洲加快建设伽利略卫星导航系统，日本和印度加快完善区域卫星导航系统。综观全年，全球卫星导航产业规模持续扩大的同时，国际竞争也日趋激烈。

第一节 市场规模与增长

卫星导航产业具有广泛的产业关联性、普适性，能与通信和互联网形成良好的互补与融合，是带动工业制造、交通运输、农业等传统产业升级改造，促进现代服务和信息消费等发展的战略新兴产业。随着经济社会的迅速发展，行业应用和大众消费市场对高精度位置信息服务的需求日益增长，推动卫星导航产业不断发展。从国际市场来看，北美、欧洲、俄罗斯、日本等国家和地区的卫星定位、导航、授时和高精度服务应用市场逐渐从快速发展阶段向平稳缓慢发展的阶段发展。全球卫星定位导航系统（Global Navigation Satellite System，GNSS）应用市场规模增速放缓，进入平稳增长期。赛迪智库测算，

2016 年全球卫星导航产业（拓展市场①）规模达到 2800 亿美元左右，同比增长 6.5%；全球卫星导航产业（核心市场②）规模达到 1720 亿美元，比 2015 年增长 8%。

赛迪智库测算，2016 年全球卫星导航产业核心市场中，基于位置的服务（Location Based Service，LBS）和公路交通行业的应用的细分领域的产业规模分别为 800 亿美元和 685 亿美元，与 2015 年相比，分别增长了 15.6% 和 14.7%，在精准农业、航空导航、轨道交通运输、地理信息系统、终端授时领域的产业规模约为 230 亿美元。

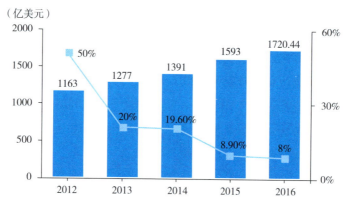

（亿美元）

图 1-1　2012—2016 年全球卫星导航产业（核心市场）增长情况

资料来源：赛迪智库，2017 年 2 月。

第二节　基本特点

一、全球进入卫星导航系统部署和建设高峰期，卫星导航产业国际竞争日趋激烈

2016 年，世界各国加快卫星导航系统的卫星星座和增强系统等战略布局，

---

① 拓展市场，是指由 GNSS 驱动或拓展的相关服务和设备带来的收入，其中也包含了核心市场的收入。以智能手机为例，拓展市场涵盖了手机的全部零售价值。

② 核心市场，是指 GNSS 的功能价值（不是全部设备的价格）以及与 GNSS 功能（例如使用智能手机下载的位置服务数据）相关的服务收入。

围绕卫星导航系统设施建设的竞争日趋激烈。一是美、俄、欧等国家和地区，利用卫星导航产业的先发优势，加快推动卫星导航产业创新发展，不断促进卫星导航与其他产业融合，伺机夺取全球时空信息资源，力图保持各自卫星导航系统的领先优势。2016 财年，美国卫星导航的财政预算超过 9 亿美元，其中 45% 的财政预算用于发展 GPS‑IIF 卫星和 GPS III 卫星，欧盟采取一箭多星的方式发射 4 颗"伽利略"导航卫星，俄罗斯发射 2 颗"格洛纳斯"‑M 导航卫星和首颗第三代导航卫星"格洛纳斯"‑K 业务星。二是日本、印度等国，虽然受到航天技术限制，自身并没有投入大量资金建设全球卫星导航定位系统，但其不断加强与美国和欧洲等卫星导航先发国家的合作，努力抢抓卫星导航产业链重组和产业调整的机遇，积极推动区域卫星导航系统和增强系统的建设。日本政府计划于 2017 年加快部署准天顶系统，计划发射 3 颗卫星，与已经发射的 1 颗导航卫星形成 4 颗导航卫星的定位方式，提升日本卫星导航的位置精度。印度全年连续发射 3 颗导航卫星，先于欧洲伽利略卫星导航系统成功组网，目前共发射了 7 颗导航卫星。三是北斗产业国际化发展迅猛。截至 2017 年 1 月，我国共发射 23 颗北斗卫星。围绕"一带一路"倡议的贯彻落实，我国军地部门正在大力推动北斗产业"走出去"，加速开拓我国北斗导航产业的国际市场。特别是"一带一路"在亚太地区的多数沿线国家均在北斗区域系统服务范围之内，包括东北亚 4 国、东南亚 11 国、南亚 8 国的全部，以及西亚北非 16 国、中亚 5 国的部分，其庞大的卫星导航应用市场正加快助推我国北斗"走出去"，为北斗导航产业的"走出去"提供了广阔的国际市场。

二、导航系统探索与遥感、通信等系统的兼容发展，构建形成天地空一体化网络体系

卫星导航是典型的军民两用技术，已成为继互联网、移动通信之后发展最快的新兴信息产业之一。卫星导航产业具有服务大众化、信息全球化、保障安全化的特征，而且与卫星通信、卫星遥感等航天产业具有很好的关联性、互补性。2016 年以来，全球商业航天迅猛发展。以 Space X 公司为代表的龙头企业，突破了火箭回收等关键技术，加快扩大卫星发射等领域的商业航天

市场份额，积极探索了商业航天发展道路。

为了在全球范围内加速卫星导航系统的应用，扩大商业航天的市场份额，世界各国积极推动了导航与遥感、通信等卫星系统的融合发展，以卫星导航提供的位置、信息和时间等基础数据，结合遥感、通信等多种卫星应用，建设天地空一体化网络信息安全系统，突破单个航天卫星应用系统无法解决复杂问题的困境，不断拓宽了卫星导航应用覆盖范围和服务领域，创新其在海洋、能源、金融、交通、教育、工业制造、医疗卫生、社会保障、公用事业等领域的应用，推动卫星应用在商业航天领域进入融合应用的新阶段。

三、卫星导航产业细分领域不断拓宽，系统集成和运营服务是主要发展方向

在全球卫星导航产业发展过程中，各国围绕卫星导航产业链的配套环节，形成了一批具有国际竞争力的骨干龙头企业。欧洲全球导航卫星系统管理局（European GNSS Agency，GSA）相关统计数据显示，全球卫星导航产业中规模以上企业共有860家，呈现出大型企业稀少，中小企业居多的特点。随着商业航天技术的迅速发展和智慧城市、移动互联网、物联网、大数据、云计算等应用不断深化，卫星导航产业将向网络化、服务化、融合化方向发展，重点围绕卫星导航的增长服务开发新产品、新模式、新业态，形成卫星导航产业的新市场，不断拓宽卫星导航产业的空间。

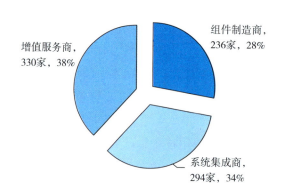

图1-2　全球卫星导航企业分布

资料来源：GSA官网，赛迪智库整理，2017年2月。

全球范围内卫星导航企业的数量分布如图 1-3 所示。北美、欧洲和日本等区域的卫星导航应用市场规模最大，其中美国、日本的卫星导航企业数量分别为 236 家和 103 家，企业数量遥遥领先于其他国家，我国在全球规模以上企业的数量为 76 家，低于美国和日本的企业数量。

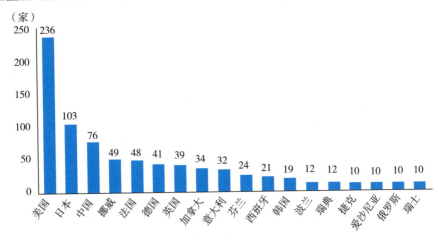

图 1-3 主要国家卫星导航企业数量

资料来源：GSA 官网，赛迪智库整理，2017 年 2 月。

不同细分行业全球卫星导航企业数量分布情况如图 1-4 所示。道路领域和基于位置服务领域的企业数量分别位居第一和第二位。国防领域，作为全球卫星导航系统的最初应用领域，企业数量仍占据 11% 的份额。除此之外，全球也有大量企业分布于航海船舶、航空、铁路、授时、精准农业和地图测绘领域等细分领域。

图 1-4 细分领域全球卫星导航企业分布

资料来源：GSA 官网，赛迪智库整理，2017 年 2 月。

表 1-1　全球卫星导航企业

产业链	产品	企业目录
组件制造商	芯片	博通、高通、瑟福、LG、意法半导体、U－Blox AG、诺基亚、英特尔、富士、Japan Radio、古野
	天线	莱尔德、赫斯曼、莱卡、U－Blox AG、爱立信、摩托罗拉、高通、诺基亚、松下、天宝、佳明、JAVAD、Exelis、PETEL、NEC、东芝
	电子地图	Navteq、Tele Atlas、U－Blox AG、电装、阿尔派、三菱、神达、博世
	导航软件	天宝、佳明、JAVAD、Exelis、罗克韦尔柯林斯、U－Blox AG、TOMTOM、Topeon Co.、古野、德州仪器、科巴姆和海克斯康
系统集成商	车辆	通用、福特、日产、丰田、本田、一汽、大众
	导航仪	天宝、佳明、TOMTOM、CSR（Cambridge Silicon Radio）、莱卡、泰莱斯、萨里、Septentrio
	手机	苹果、三星、摩托罗拉、飞利浦、阿尔卡特、松下、NEC、诺基亚、LG
	高精度测量与GIS采集终端	天宝、佳明、JAVAD、TOMTOM、Nottingham Scientific Ltd、NVS Technologies AG
	授时终端	天宝、佳明、JAVAD、TOMTOM、Nottingham Scientific Ltd、泰莱斯
增值服务提供商	位置服务	谷歌、先锋、歌乐、四方、推特、脸谱、苹果、三星、TOMTOM、诺基亚、日产、丰田、本田、电装
	道路	天宝、佳明、杰普森、泰为、TOMTOM、泰莱斯、NVS Technologies AG、U－Blox AG

资料来源：GSA 官网，赛迪智库整理，2017 年 2 月。

四、全球合作推动卫星导航终端兼容操作，开拓卫星导航应用产业的国际新市场

卫星导航产业作为具有广泛应用前景的新兴产业，对于保障国家战略安全，推进经济平稳运行，促进人民生活水平提升具有重要意义，国民经济和

国防现代化等领域的各类重要信息系统的稳定运行越来越依赖卫星导航等为代表的国家时空信息系统。当前，全球卫星导航系统处于多系统并存、兼容发展的新阶段，美国、俄罗斯、欧洲、中国均采用了坚持对外开放，立足国际国内两个市场，在开放环境中不断壮大各自卫星导航产业，推动了导航产业从单个国家发展到多国合作共同推动的方向转变。

第三节　主要国家和地区卫星导航产业情况

全球卫星定位导航系统，不仅是保障国家安全利益，服务新军事变革下现代国防和军队现代化建设的重要信息技术支撑系统，也是服务国民经济建设的现代信息社会的基础设施。经过多年发展，全球卫星导航系统已经从单一美国主导 GPS（全球卫星定位系统）格局走向四大全球系统、两大区域卫星导航系统和多家增强型系统竞相发展、激烈竞争的新时代。随着全球新一轮信息技术革命浪潮风起云涌，推动卫星导航产业处于产业升级的重大调整时期。2016 年，这些国家和地区加快完善各自卫星导航系统空间段和地面段的基础设施，不断推出自主可控的卫星导航终端产品和服务，促进了全球卫星导航产业发展进入新阶段。

当前，全球卫星导航产业主要分布在北美洲（美国、加拿大）、欧洲（英国、德国、法国、荷兰）、亚洲（日本、韩国、中国、印度），其中北美洲、欧洲、日本等发达国家和地区卫星的全球卫星导航系统（GNSS）应用市场逐渐走向成熟，应用市场规模增速放缓，进入平稳增长期。

全球卫星导航系统分类如表 1-2 所示。其中，四大全球系统分别为美国建设的 GPS 系统、欧盟主导建设的伽利略卫星导航系统、我国自主建设的北斗卫星导航系统和俄罗斯研制的格洛纳斯卫星导航系统；区域定位导航系统包括日本准天顶卫星系统（QZSS）、印度区域导航卫星系统（IRNSS）；增强系统包括北斗地基增强系统、美国广域增强系统等增强型系统。

表1-2 主要国家和地区卫星导航系统

类型	国家（地区）	卫星导航系统
全球型	美国	GPS，全球定位系统
	俄罗斯	GLONASS，格洛纳斯卫星导航系统
	欧洲	GALILEO，伽利略卫星导航系统
	中国	BDS，北斗卫星导航系统
区域型	日本	QZSS，准天顶卫星系统
	印度	IRNSS，印度区域导航卫星系统

资料来源：赛迪智库整理，2017年2月。

表1-3 增强系统分类

国家	种类	组成	管理机构
美国	WAAS，广域增强系统	地面监测站网络、同步通信卫星	美国联邦航空管理局
俄罗斯	SDCM，差分校正和监测系统	差分校准和监测站、中央处理设施以及用来中继差分校正信息的地球静止卫星	俄罗斯联邦航天局
日本	MSAS，多功能运输卫星增强系统	空间段、地面段	日本气象局、日本国土交通省
欧盟	EGNOS，欧洲静地导航重叠系统	空间段、地面段	欧盟、欧空局
印度	GAGAN，GPS辅助型静地轨道增强导航系统	地面段、空间段、相关软件和通信链路	印度空间研究组织（ISRO）和印度机场管理局（AAI）
中国	北斗地基增强系统	CORS系统（连续运行参考站）和用户数据	中国兵器工业集团、阿里巴巴集团

资料来源：赛迪智库整理，2017年2月。

一、美国：突破卫星导航空间段核心技术，加快部署第三代卫星导航系统

美国在 GPS 产业发展过程中，十分注重保持 GPS 卫星导航系统及产业链上中下游的核心技术领先优势，通过持续不断加大资金投入，在全球范围内保障了美国 GPS 产业在技术上的领先地位。2016 年以来，美国国防部实施了全球卫星导航星座现代化计划，推动新型导航卫星的研制、生产和发射，一是突破高发射功率和抗干扰技术，增强卫星导航系统的信号发射接收功能，通过使用点波束天线，提高了卫星导航系统的抗干扰能力，以第三代 GPS 为代表的新一代卫星导航系统的抗干扰能力比第二代 GPS 系统提高了 8 倍，增强了卫星导航系统的精度，将第二代卫星导航系统的 6 米精度提高到 0.6 米，使得新一代卫星导航系统可以提供高达 1 米以下的定位精度。二是第三代GPS 导航卫星上配置了高精度的铯原子钟，在向终端用户和运营服务商播发高精度导航信号方面，比美国目前在轨运行的第二代卫星导航系统的精度提高了一倍，而且第三代 GPS 导航卫星进一步改善了第二代卫星导航系统的定位精度和授时服务能力，在第三代 GPS 导航卫星系统中彻底实现军用和民用信号的分类，改进了指挥控制体系，增加了专门的 L1C 民码信号频段，从而实现选择性的信号关闭，实现了第三代 GPS 导航卫星对特定地区关闭被一方正在播发的民用频率和信号，而保持另一方继续使用加密的军用频率和信号。三是实现了数据双向传递技术，改变了目前 GPS 仅能实现单向数据流的缺陷，将第三代 GPS 卫星导航系统和双向客户端进行结合，使用短信和数据包形式，实现双向沟通功能。

二、欧洲：大力推进卫星导航应用，支持各领域各类创新应用

欧洲作为全球卫星导航产业的重要集聚区，其在全球范围内的市场份额仅次于美国，涌现了一批参与国际市场分工的龙头企业，且探索出多国联合开发推广空间信息产业模式，并以民用市场为主加速推动卫星导航的下游应用市场。2016 年 12 月，欧盟委员会宣布伽利略卫星导航系统正式开始运行，力图摆脱在卫星导航系统基础设施建设领域受制于美国的 GPS 和俄罗斯的格洛纳斯卫星导航系统的局面，以实现空间信息服务的自主化。为此，欧盟正

加快推动卫星导航产业的大规模应用，一是开发以智能终端和车载终端等卫星导航终端产品设备，通过配套兼容伽利略卫星导航系统芯片，开拓伽利略卫星导航系统的全球市场；二是丰富软件产品及各类系统解决方案，在智能终端产品中使用伽利略卫星导航系统的软件产品，提供高精度位置服务；三是实施专项行动方案，以交通领域为重要发展方向，通过强制措施，大力推动在欧盟境内新生产汽车均安装伽利略卫星导航终端设备，实现卫星导航系统的规模化应用。

表1-4 欧洲伽利略导航卫星建设规划与布局

阶段	发射时期	发射卫星（颗）			目前在轨和
		成功	失败	计划	正常运行卫星（颗）
系统测试	2005—2008	2	0	0	0
在轨验证	2007—2012	4	0	0	3
完全工作	2014—2015	8	0	19	8
	2016—	12	2*	16	12
卫星总数		18	2*	16	15

*表示这2颗卫星虽然成功发射，但未进入预定轨道。

资料来源：赛迪智库整理，2017年2月。

三、俄罗斯：加强资金支持，推动实施各类计划

为了加快推动俄罗斯格洛纳斯卫星导航产业发展，2016年，俄罗斯政府继续实施推动卫星导航发展计划，加快建设以格洛纳斯卫星导航为基础的ERA-GLONASS系统，即覆盖全球的服务交通事故应急响应系统，该计划于2017年1月1日起组织实施，强制在俄罗斯、白俄罗斯、哈萨克斯坦三国组成的欧亚经济同盟内，所有汽车生产企业的整车装备必须配置可以向应急救援有关部门发送求救信号的装置，必须配备ERA-GLONASS系统。该系统的主要功能是为保障车辆的安全，为车辆发生交通事故时提供基于格洛纳斯卫星导航系统的位置、导航和通信等时刻信息服务。

表 1 – 5　俄罗斯格洛纳斯卫星建设规划与布局

卫星序列	发射时期	所处阶段
GLONASS	1982—2005	不能提供服务
GLONASS – M	2003—2018	提供服务
GLONASS – K1	2011，2014	提供服务
GLONASS – K2	2018—2024	设计阶段
GLONASS – KM	2025—	研究阶段

资料来源：赛迪智库整理，2017 年 2 月。

第四节　2016 年全球卫星导航产业重大进展

一、美国加快部署 GPS III 卫星，改革卫星导航资金管理机制

2016 年，美国时任总统奥巴马签署了 2017 财年的综合拨款法案，批准了美国空军的 GPS 计划，预算的 8.474 亿美元用于采购 GPS III 卫星、开发 GPS III 卫星和军用 GPS 用户设备、发展下一代操作控制系统和 GPS 集成终端、发展军用 GPS 设备。2017 年，美国空军的 GPS 卫星导航工程共分为 GPS III/GPS III 空间段项目、GPS III 空间操作段项目和 GPS 用户终端段项目，其中空间段项目预算为 1.76 亿美元，控制段财政预算为 3.93 亿美元，终端用户计划的财政预算为 2.78 亿美元。

从 2017 财年的预算可以看出，为了继续保持 GPS 全球导航系统的领先性，美国在 2016 年已经开始部署 GPS III 系统，美国军队高度重视发展操作系统和集成应用，将财政预算 46% 的拨款用于发展操作和系统集成方案，而且还重点对军用 GPS 设备的研发进行了拨款。

奥巴马签署的 2017 财年预算还包括美国交通部用于发展空间 GPS 项目的民用预算。在 2017 财年，交通部用于发展 GPS 的民用项目包括研究和技术助理部长办公室的民用信号监测点、美国全国差分系统的位置导航和授时等项目、美国联邦航空管理局的设施设备及广域增强系统预算项目和自动相关监

视—广播认购费用、地球静止轨道卫星租赁项目，两类项目的财政预算分别为 1161 万美元和 1.116 亿美元。美国联邦航空管理局是民用 GPS 卫星导航系统的主导单位，在民用领域，美国主要将 GPS 预算用于建设广域增强系统，另外，美国高度重视 GPS 在航空领域应用。

图 1 – 5　2017 财年全球 GPS 维持及发展的项目预算

资料来源：美国 GPS 官网，2016 年 12 月。

在 2017 财年，美国政府要对卫星导航项目的财政管理办法实行改革：一是重新指定新的财政预算管理机构，将交通运输部的 GPS 项目预算管理单位从美国联邦航空管理局变为交通部研究和技术助理部长办公室，强化对 GPS 民用项目的直接管理；二是建立分类管理制度，与 2016 财年的民用项目相比，将国家差分 GPS 项目与其他民用项目分类。

二、欧洲加快建设伽利略卫星导航系统，已初步形成服务欧洲区域的能力

伽利略卫星导航系统是欧洲全球卫星导航系统，是以民用为主的，提供高精度全球定位服务的系统。该系统由欧盟提供资金支持，欧空局负责卫星导航空间段建设。2016 年，欧洲发射了 4 颗伽利略导航卫星。与之前的发射相比，在卫星导航发射技术上，伽利略卫星导航系统建设主要表现在三个方面：一是加快构建自主卫星运载系统，在运载火箭的使用中，改变以往使用俄罗斯联盟号运载火箭的方式，首次采用由欧空局自主研制的阿丽亚娜 5ES 型火箭方式；二是加强核心技术研发，突破一箭多星发射技术，首次采用一箭四星方式在法国圭亚那航天中心发射了伽利略导航卫星；三是初步形成区

域服务能力，以智能手机和车联网为突破口，加速推进了卫星导航产业的发展。

表 1-6 欧洲伽利略导航卫星发射情况

序号	导航卫星名称	运载火箭	发射场地	发射时间
1	GIOVE - A	Soyuz - FG/Fregat	拜科努尔航天发射场	2005 - 12 - 28
2	GIOVE - B	Soyuz - FG/Fregat	拜科努尔航天发射场	2008 - 04 - 26
3	Galileo - IOV PFM	Soyuz - STB/Fregat - MT	法国圭亚那航天中心	2011 - 10 - 21
4	Galileo - IOV FM2	Soyuz - STB/Fregat - MT	法国圭亚那航天中心	2011 - 10 - 21
5	Galileo - IOV FM3	Soyuz - STB/Fregat - MT	法国圭亚那航天中心	2012 - 10 - 12
6	Galileo - IOV FM4	Soyuz - STB/Fregat - MT	法国圭亚那航天中心	2012 - 10 - 12
7	Galileo - FOC FM1	Soyuz - STB/Fregat - MT	法国圭亚那航天中心	2014 - 08 - 22
8	Galileo - FOC FM2	Soyuz - STB/Fregat - MT	法国圭亚那航天中心	2014 - 08 - 22
9	Galileo - FOC FM3	Soyuz - STB/Fregat - MT	法国圭亚那航天中心	2015 - 03 - 27
10	Galileo - FOC FM4	Soyuz - STB/Fregat - MT	法国圭亚那航天中心	2015 - 03 - 27
11	Galileo - FOC FM5	Soyuz - STB/Fregat - MT	法国圭亚那航天中心	2015 - 09 - 11
12	Galileo - FOC FM6	Soyuz - STB/Fregat - MT	法国圭亚那航天中心	2015 - 09 - 11
13	Galileo - FOC FM8	Soyuz - STB/Fregat - MT	法国圭亚那航天中心	2015 - 12 - 17
14	Galileo - FOC FM9	Soyuz - STB/Fregat - MT	法国圭亚那航天中心	2015 - 12 - 17
15	Galileo - FOC FM10	Soyuz - STB/Fregat - MT	法国圭亚那航天中心	2016 - 05 - 24
16	Galileo - FOC FM11	Soyuz - STB/Fregat - MT	法国圭亚那航天中心	2016 - 05 - 24
17	Galileo - FOC FM7	Ariane 5ES	法国圭亚那航天中心	2016 - 11 - 17
18	Galileo - FOC FM12	Ariane 5ES	法国圭亚那航天中心	2016 - 11 - 17
19	Galileo - FOC FM13	Ariane 5ES	法国圭亚那航天中心	2016 - 11 - 17
20	Galileo - FOC FM14	Ariane 5ES	法国圭亚那航天中心	2016 - 11 - 17

资料来源：赛迪智库整理，2017 年 2 月。

三、俄罗斯推动管理机构改革，成立卫星导航专业运营公司

2016 年，俄罗斯政府加快了联邦航天局的改革，首先实施了对联邦航天局的解散，继之，将原联邦航天局与联合火箭航天公司合并，组建成立了俄

罗斯航天国家集团公司，通过将管理机构转制为国营企业，实现了俄罗斯在卫星导航产业方面的资金优化，将完全依赖国家财政支撑的航天机构转变为接受政府监督，按照市场需求提供部分经营资金的国有企业，有利于推动商业航天的发展，新组建的集团公司既拥有原联邦航天局职权，又同时拥有联合火箭航天公司及其下属企业。集团公司几乎囊括了俄罗斯航天领域内的所有企业、设计局与科研单位，主要业务包括卫星与飞船、火箭与导弹、火箭发动机与推进系统、地面与箭载设备、发射服务、任务测控、数据处理及相关服务。目前该公司下属企业包括赫鲁尼切夫国家研究生产太空中心、马克耶夫国家火箭中心、俄罗斯进步国家太空研究与生产中心、拉沃契金设计局、伏龙芝兵工设计局、"火炬"试验设计局、NPK SPP 精密仪器公司、俄罗斯航天系统公司、列舍特涅夫信息卫星系统公司、俄罗斯动力机械科研生产联合体、皮留金科研生产联合体、科罗廖夫能源火箭航天集团、全俄航天材料研究院、俄罗斯机电科学研究所、"兵工"机械制造工厂等 15 家机构；在组织结构上，集团公司由领导层、下层和监理会三部分组成。其中，总经理主管董事会、科技委员会、公共委员会、集团公司行政机关、内部审计、通信和办公室主任，副总经理其负责管理司和部组成的下层，监理会负责管理审计委员会。

为了推动建设格洛纳斯卫星导航系统，2016 年，俄罗斯航天国家集团公司宣布投资约 18.4 亿卢布，实施水下导航计划，通过"格洛纳斯"系统与地面无线电导航设备、水声数据传导设备以及激光数据传导设备的协同工作，启用在特定范围内信号能深入水下 200 米的卫星来实现数据传递，将格洛纳斯卫星导航系统用于地下、水下和月球环境，扩展该导航系统的应用领域，包括在城市建筑和封闭室内的应用、在山区和峡谷中的应用，以及在地下、水下和在宇宙空间中的应用，解决"格洛纳斯"当前的信号波段存在技术难题，即无法对水下和地下的目标进行直接的无线电导航，实现将全球导航系统的数据与惯性传感器及专用无线电导航台相结合，以实现地下导航的目标。

另外，为推广俄罗斯格洛纳斯卫星导航系统，不断加大资金投入力度，成立了由通信企业梅加丰、温佩尔、俄罗斯电信公司等组成的俄罗斯格洛纳斯非商业集团，围绕交通领域的导航信息服务系统的研发和设计，将其产品和服务应用于和俄罗斯具有密切关系的独联体成员国。俄罗斯格洛纳斯非商业集团积极拓展与金砖国家卫星导航领域骨干企事业机构的合作，通过与金砖国家共同实施系列导航领域的合作项目，计划推出包括高精度卫星导航定位系统、芯片等基础元器件和终端设备等产品和系统，通过广泛开展国际合作，寻求开发卫星导航产业规模化、全球化发展的路径。2016 年，中国兵器工业集团公司与俄罗斯格洛纳斯非商业集团在俄罗斯圣彼得堡康斯坦丁宫共同签署了《中俄卫星导航芯片联合设计中心谅解备忘录》，深化卫星导航领域合作，共同促进北斗/格洛纳斯与 GNSS 的市场应用。双方将发挥各自优势，成立两家合资企业，面向中俄两国及全球市场，共同研发先进的卫星导航芯片，研发、制造和销售同时支持世界三大导航系统——中国北斗、俄罗斯格洛纳斯和美国全球定位系统的新型导航接收装置，开展市场推广和应用，推动北斗"走出去"服务"一带一路"倡议。

四、日本加快部署区域卫星导航系统，与欧盟建设卫星导航国际通信标准体系

当前，日本建设了区域卫星导航定位系统——准天顶卫星系统，该系统具有两大特点：一是具备很高精度，通过将美国 GPS 的定位信息进行误差修正，定位精度已达到厘米级的水平；二是信号十分稳定，由于发射的区域导航卫星始终位于日本国土的正上方位置（该位置也被称为准天顶位置），因此由该导航卫星播发的信号并不受高山等自然地理因素和城市高层大楼等设施的影响，而且其覆盖范围几乎包括日本整个国家的几乎任何地点和位置。但准天顶卫星导航系统受制于系统的限制，其信号只能覆盖日本、澳大利亚和亚洲等地，严重制约面向全球开展市场业务而仅能在日本周边使用。为了弥补准天顶计划的缺陷，2017 年，日本政府会进一步推动准天顶系统建设，计划在 2017 年内，发射 3 颗卫星，建立 4 颗卫星定位方式，以提升日本卫星导航的位置精度。

2016 年，日本政府与欧盟签署战略框架合作协议，实施导航卫星接轨计划，依托日本三菱电机、日立造船、NTT 数据、泰雷兹公司等公司，制定详细的路线图，建立跨越日本准天顶卫星导航系统和欧盟伽利略导航系统的通用标准，开发实现两大卫星定位系统的信号通用化系统，实现针对仅面向日

17

本国内市场推出的基于卫星导航的自动驾驶汽车和相关汽车零部件配套产品可以实现在全世界范围内的使用，这将大幅降低日本汽车制造企业在全球化竞争过程中的研发和生产成本，增强日本汽车装备制造业在全球市场的核心竞争力。

五、印度连续成功发射三颗区域导航卫星，已成为世界范围内第四个成功部署卫星导航系统的国家

2016年，印度连续发射3颗导航卫星，抢在欧洲伽利略卫星导航系统初始运行能力部署之前，完成了由7颗卫星组成的区域卫星导航系统空间段部署，使得印度成为全球第4个完成卫星导航系统部署的国家，位列美国、俄罗斯、中国之后。印度导航卫星采用中央承力筒结构设计，搭载导航载荷、测距载荷，其中采用导航载荷向用户播发L5和S波段服务信号，测距载荷利用卫星C波段脉冲转发器和角锥发射器帮助精确定位卫星的距离。

印度卫星导航系统发展分为两个阶段，第一阶段是发射7颗导航卫星，建设印度区域导航卫星系统（The Indian Regional Navigation Satellite System，IRNSS），覆盖印度及周边1500公里简称范围的区域，该系统由7颗位于地球静止轨道和地球同步轨道的卫星、地面控制段和用户段组成，提供优于20米的定位精度，IRNSS用于日常空运、海运等交通运输领域，同时也会投入军事以及导弹领域的军事应用；第二阶段是以IRNSS为基础，再次发射10颗卫星，最终形成由16—18颗卫星组成的印度版全球卫星导航系统。截至2016年5月，已经完成第一阶段的任务部署。

第二章　2016 年中国北斗导航产业发展状况

卫星导航产业不仅是国家战略性新兴产业，也是典型军民融合高技术产业。作为世界上重要的航天大国之一，我国在卫星导航领域的研制、生产、发射和系统建设方面具备了雄厚实力，完善了卫星导航产业链条，推动了卫星导航从行业应用领域向大众市场应用发展。2016 年，我国成功发射 3 颗北斗导航卫星，北斗全球系统建设顺利推进；北斗地基增强系统正式提供服务；北斗导航产业利好政策继续加码；北斗产业链条日趋完善；北斗系统应用范围进一步拓展；北斗国际合作持续走向深入。

第一节　基本情况

一、产值

经过多年发展，我国卫星导航产业已经初步形成了北斗产业生态体系。随着我国加快实施了第二代卫星导航系统等国家科技重大专项，逐步满足了我国国民经济发展和国防现代化领域对高精度定位服务的需求。当前，我国北斗导航产业的自主可控水平显著提升，基础元器件制造工艺与国外差距逐渐缩小，终端装备和系统集成程度不断增强，高精度应用范围不断扩大。通过对 2016 年我国卫星导航产业的形势分析与判断，赛迪智库认为，2016 年，我国卫星导航产业产值约为 2200 亿元，比 2015 年增长 16%。

经过十多年的培育和发展，我国北斗产业已建立了包括基础元器件制造与生产、终端制造研发和系统集成、位置导航和运营服务等相对完整的产业结构。通过形势分析与判断，赛迪智库认为，2016 年，我国北斗相关产业的总规模达 1000 亿元左右，一方面，我国北斗产业的增速有所放缓，与 2015 年相比增长 28%；另一方面，北斗产业的市场规模迅速扩大，2016 年，我国北斗产业约占我国卫星导航产业规模 45.4%，较之 2015 年北斗产业占我国导航产业规模的 33%，提高了 12 个百分点。其中：交通运输领域的市场规模最大，约为 760 亿元，比 2016 年增长 18%；位置运营服务和授时领域规模为 160 亿元左右；通信领域产值为 80 亿元。

图 2-1　2010—2016 年中国卫星导航产业规模

资料来源：赛迪智库，2017 年 2 月。

二、政策

2016 年，我国北斗导航产业相关的政策法规不断完善，国家和地方层面都相继出台了一系列推动北斗导航发展壮大的产业政策，涉及北斗导航产业的全球化拓展、产业链发展、多领域技术融合。在国家层面上，我国加快推进北斗导航产业相关的政策法规体系建设，既有推动北斗卫星导航产业在行业应用的政策，也有促进北斗产业实施供给侧改革的政策，既有与卫星导航相关的壮大国内市场发展的政策，也有促进北斗时空信息服务开拓国际市场的新政策。在 2016 年，我国发布与北斗相关的政策主要分为四类：一是发布了《中国北斗卫星导航系统》（6 月）、《移动智能终端北斗定位白皮书（2016 年）》（10 月）、《2016 中国的航天》（12 月）、《中国交通运输发展》（12 月）

系列白皮书，阐述了我国在北斗导航产业上的发展理念，行业应用的发展思路；二是出台系列国家发展规划纲要，如《国家创新驱动发展战略纲要》（5月）、《"十三五"国家科技创新规划》（8月）、《国家信息化发展战略纲要》（12月）、《"十三五"国家信息化规划》（12月）、《"十三五"国家战略性新兴产业发展规划》（11月）等政策文件，强调了北斗导航系统作为国家战略新兴产业发展的重要意义；三是大力推进北斗产业在细分领域的应用，进一步聚焦完善行业应用领域方面的政策体系，围绕交通运输、地理信息测绘、精准农业、通用航空、减灾救灾等领域，印发了《关于促进通用航空业发展的指导意见》（5月）、《关于转发国家发展改革委营造良好市场环境推动交通物流融合发展实施方案的通知》（6月）、《关于加强干线公路与城市道路有效衔接的指导意见》（6月）、《推进"互联网＋"便捷交通，促进智能交通发展的实施方案》（8月）、《"十三五"全国农业农村信息化发展规划》（8月）、《测绘地理信息事业"十三五"规划》（9月）、《"十三五"旅游业发展规划》（12月）；四是高度重视北斗导航产业的国际化发展，2016年11月，国防科工局、国家发改委联合发布了《关于加快推进"一带一路"空间信息走廊建设与应用的指导意见》，为新形势下持续推进北斗"走出去"明确了发展思路，确立产业发展方向。此外，11月，我国还召开了《中华人民共和国卫星导航条例》起草工作组第一次会议。

在地方层面上，全国各地不断加大关注力度，形成推动北斗产业健康发展的坚实基础。广东省、湖北省、湖南省、山东省、河南省等地方政府高度重视发展以北斗导航为代表的新一代空间信息、高端电子信息等战略性新兴产业，借助网络强国、制造强国、"互联网＋"、军民融合等国家发展战略，充分结合当地产业发展特点因地制宜，发挥其在人才、技术、产业的优势资源，出台了《广东省自主时空信息服务"十三五"产业发展规划》《湖北省北斗卫星导航应用产业发展行动方案（2015—2020年)》《长沙市北斗卫星导航应用产业发展规划（2014—2020年)》《河南省北斗导航产业三年（2016—2018年）发展行动计划》等产业政策、发展规划和行动方案，以提升基础设施服务保障能力，扩大行业应用产业规模，推动北斗导航产业规模化应用为主，实现了在经济建设和国防建设重点领域的规模化应用，促进了区域性北斗导航产业的发展，基本形成了依托总部优势的环渤海地区、以配套制造为主的川陕渝地区，以雄厚资本支撑的长三角地区，产业化最为成熟的珠三角地区和大力推动高精度服务的中部地区的五大发展格局。

三、产业链

北斗导航系统主要由空间段、地面段、增强系统和用户段组成。其中北斗导航空间段的相关产业包括卫星制造、卫星发射以及相应的配套地面设备建设等领域，地面段主要包括主控站、注入站的系统建设，增强系统主要指北斗地基增强系统（Continuously Operating Reference System，CORS）、羲和系统和北斗星基增强系统（BeiDou Satellite – Based Augmentation System，BDSBAS）。用户段是北斗导航产业的主要领域，按应用领域可分为上中下游。

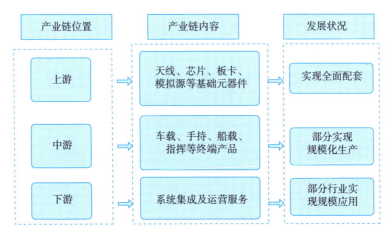

图 2 – 2　北斗产业链

资料来源：赛迪智库整理，2017 年 2 月。

用户段的上游产业主要指基础元器件的研发、制造、生产等领域，具体包括芯片、板块、天线、模拟源、电子地图等领域，上游已经基本实现全面配套，部分企业的北斗芯片的制造工艺水平已经达到 40nm 的工艺水平；中游产业以北斗导航终端设备生产为主，按照应用领域的不同，可分为专业终端和大众终端，专业终端包括各类测绘仪、测姿测向设备、授时设备、机载和各类手持设备，大众终端主要包括车载/船载导航设备、智能手机设备，涉及公路运输、远洋运输、内河航运、交通物流、应急救援等多个领域，中游的终端制造产业已部分实现规模化生产；下游产业主要是指基于北斗的系统集

成和运营服务业，分为行业应用和大众应用，目前我国各级相关机构建设了
基于北斗的地方导航公共服务运营平台、智慧城市相关服务平台等运营平台，
在车船导航监控、电力及通信网络授时等传统应用领域开展了规模化应用，
正大力探索大众消费市场和细分领域的时空信息资源开发利用，以满足大众
及行业用户多样化、个性化的时空信息消费需求。

通过对 2016 年北斗产业的发展形势分析进行判断，赛迪智库认为，2016
年，我国北斗导航的上游产业规模 140 亿元左右；中游产业规模 610 亿元；
下游产业主要包括系统集成和运营服务业产业规模 250 亿元。我国北斗导航
产业发展仍为前端元器件和后端系统服务企业少，处于中间环节且附加值最
低的终端设备制造企业占据大多数的"菱形"产业分布。

四、行业应用与相关企事业机构

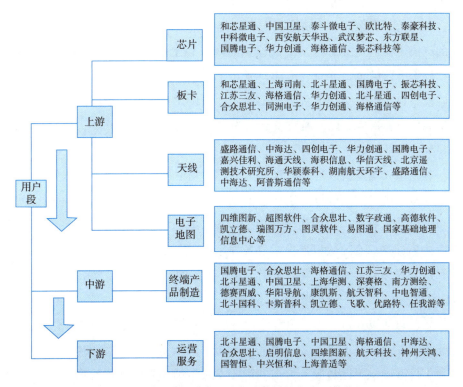

图 2 - 3　北斗导航产业链各环节相关企业（部分）

资料来源：赛迪智库整理，2017 年 2 月。

目前，我国从事与北斗卫星导航产业的主体包括国有企业、中小型民营企业、高等院校和科研院所等。经过十多年的培育发展，形成了产业特色突出、具有较强竞争力的北斗导航全产业链，构建了集芯片、板卡、北斗天线、算法、处理软件及电子地图等基础产品，终端产品，系统集成和运营服务于一体的北斗导航产业链，已在车联网、物联网、物流、水利、环保、林业、体育、医疗、旅游、应急、重大危险源监控、农业、公共交通、电力、移动通信等多个领域开展应用，为北斗时空信息服务产业发展打下了较好的基础。

五、五大区域

经过十多年的培育发展，我国北斗导航产业从无到有，从小到大，已基本形成了集芯片、模块、板卡、软件、终端和运营服务于一体的全产业链条。2016年，我国卫星导航产业规模达到2200亿元左右，已形成珠三角、环渤海、长三角、鄂豫湘和川陕渝五大产业集群。2016年，五大区域卫星导航产业的产值规模达到1400亿元，占全国的60%以上。

环渤海区域包括北京、天津、河北、山东、辽宁等省市，该区域依托高等院校、科研院所集中的优势，围绕芯片研发生产、终端产品制造、地理信息资源整合，形成了以导航装备制造为主的产业格局。2016年，环渤海地区卫星导航产业产值达353亿元，占全国的16%。

珠三角区域是指以广东、深圳为中心，辐射中山、东莞等广东省内其他城市，该区域是我国最早开始从事卫星导航产业的发展区域，也是全国范围内卫星导航产业最为集中的区域。多年来，依托资金、市场、人才、地理区位等优势资源，该区域积极探索以芯片生产和制造、终端产品研发、系统集成和运营服务为主的产业发展格局。2016年，珠三角区域卫星导航产业规模500亿元左右，占全国的23%。

长三角区域覆盖上海、浙江、江苏、安徽等省市，该区域是我国重要的电子工业基地，具有基础实力雄厚、科技人才丰富、资本聚集优势等特点，形成了以基础元器件制造等为主的产业发展格局，该区域依托第二代卫星导航系统国家科技重大专项，充分发挥互联网企业的优势，探索北斗在多领域的广泛应用。2016年，长三角区域的卫星导航产业规模188亿元，占全国的8.5%。

华中地区是我国北斗导航产业的五大集聚区之一，包括湖北、湖南、河南等省。该区域充分发挥其在测绘地理信息领域的优势，形成了依托空间地理信息产业发展北斗导航产业的格局。2016年，以鄂、湘、豫等省为代表的华中地区的卫星导航产业规模已达到213亿元，占全国的9.7%。

西部地区包括重庆、四川、陕西等省市，此区域具有航天航空领域的技术、人才、设备等优势，是我国卫星导航业及位置服务业十分重要的研制生产和应用基地，并形成了以生产卫星零部件为主的产业格局。2016年，以川陕渝区域为代表的西部地区卫星导航产业规模达到146亿元左右，占全国的6.6%。

六、产业联盟

产业联盟指将政府部门、产业链相关企事业单位进行联合的平台，是推动行业内相关企业等市场主体协同创新和规模化应用推广的重要组织形式。通过产业联盟的形式可以有效促进产业链相关环节的企业进行优势互补，不断提高联盟成员在北斗导航产业方面的核心竞争力。据不完全统计，为了推动北斗产业的发展，相关企业、研究机构等相继成立了中国北斗产业联盟、中国北斗科技产业联盟、移动智能终端联盟北斗委员会等28家联盟。

2016年，新成立1家与北斗导航产业相关的联盟，即中国汽车联网产品认证联盟，该联盟成员以我国北斗、交通、通信、金融等领域的企事业单位为主体，旨在整合北斗标准体系，促进北斗导航产业与交通领域、电子信息、金融投资、应急救援等领域的跨界融合，加快北斗产业的生态系统建设。近两年来，北斗导航产业联盟的表现有两方面：一是探索在各参与主体间建立高效合作方式和运行模式，开展资本、人才、技术等方面深度合作，突破北斗导航相关的关键技术、核心部件及产品产业化等瓶颈，实现先进技术、产品和服务的商业化运作；二是推动北斗产业与其他产业的跨界融合发展。当前，跨界融合已成为北斗导航产业实现规模化发展的重要驱动力，通过加强统筹协调，优化联盟内组织机构的优势资源，明确联盟在推进北斗导航产业的发展战略，可以促进各类主体有效沟通，不断挖掘北斗导航产业在新领域的应用，促进北斗产业与新一代电子信息技术的融合发展，加快推进北斗导航卫星产业集群化发展，构建资源优势互补、协同发展的北斗生态链。

表 2 - 1　我国北斗导航产业联盟一览表（部分）

序号	名　　称	所在城市	成立时间
1	空间信息智能服务产业技术创新联盟	武汉	2009.3
2	车载信息服务产业应用联盟	北京	2010.2
3	上海卫星导航定位产业技术创新战略联盟	上海	2010.6
4	地理信息系统产业技术创新战略联盟	北京	2010.7
5	陕西省卫星应用产业联盟	西安	2011.3
6	北京中关村空间信息技术产业联盟	北京	2011.8
7	南京北斗卫星导航产业联盟	南京	2011.9
8	厦门卫星导航产业技术创新战略联盟	厦门	2011.10
9	中国北斗车载应用产业联盟	绍兴	2011.11
10	上海位置服务产业技术创新战略联盟	上海	2012.4
11	广东北斗卫星导航产业联盟	中山	2012.5
12	福建省（海西）卫星导航产业技术创新战略联盟	福州	2012.8
13	深圳市北斗卫星应用产业化联盟	深圳	2012.11
14	黑龙江省卫星导航与位置服务产业技术创新战略联盟	哈尔滨	2013.1
15	中国北斗产业联盟	西安	2013.1
16	中国北斗导航产业联盟	西安	2013.1
17	中国北斗产业化应用联盟	南京	2013.6
18	湖北省北斗产业技术创新战略联盟	武汉	2013.8
19	四川省北斗导航产业联盟	成都	2013.11
20	中国北斗卫星民用推广联盟	北京	2013.12
21	浙江省北斗产业联盟	杭州	2014.6
22	中国位置网服务联盟	深圳	2014.8
23	青岛市北斗卫星导航产业联盟	青岛	2014.9
24	中国光谷北斗行业应用战略联盟	武汉	2014.12
25	中关村公信卫星应用技术产业联盟	北京	2015.1
26	上海市信息服务产业基地联盟	上海	2015.5
27	云南省卫星应用产业技术创新战略联盟	昆明	2015.6
28	中国汽车联网产品认证联盟	北京	2016.12

资料来源：赛迪智库整理，2017 年 2 月。

七、相关管理部门

为了推进卫星导航产业等新一代空间信息、高端电子信息产业的快速发展，军地双方正按照党中央、国务院和中央军委的决策部署，面向我国国民经济和社会发展的重大需要，贯彻落实军民融合等国家重大战略，积极支持北斗等新兴产业发展，推动经济社会的可持续发展，促进国防和军队现代化建设。

目前，我国基本形成了军地双方联合推进卫星导航产业的发展格局。在军用方面，我国有两家机构负责北斗导航系统建设和应用的管理，分别为中国卫星导航系统管理办公室、中国卫星导航定位应用管理中心。这两家管理部门主要负责北斗卫星导航的空间段、地面段和地基增强系统的建设、运营和维护，卫星导航企业的资质认定，相关国际国内标准体系的制定等工作。

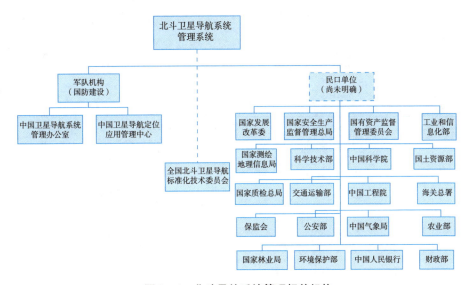

图 2 - 4　北斗导航系统管理相关机构

资料来源：赛迪智库，2017 年 2 月。

在民用方面，我国尚未明确归口管理部门，涉及北斗建设及产业应用的相关部门包括国家发展改革委、工业和信息化部、科技部、国家测绘地理信息局、其他部委及相关机构等。相关机构按照职能划分，在各种领域逐步推广卫星导航产业。

八、北斗导航民用服务资质单位名录及检测机构名录

目前，我国从事北斗卫星导航定位、授时、位置服务和短报文业务，开展基于北斗导航系统的增值服务项目和应用工程建设，必须经过原总参谋部测绘导航局下属的中国卫星导航定位应用管理中心的批准，才可获得北斗导航民用服务相关资质。截至 2017 年 1 月，全国范围内北斗导航民用分理服务单位 19 家、北斗导航民用分理服务试验单位 67 家、北斗导航终端机民用服务资质单位 82 家、检测机构 11 家、用户卡生产资质单位 2 家。与 2016 年相比，北斗导航民用分理服务单位增加 7 家，北斗导航民用分理服务试验单位增加 1 家。

北斗导航民用分理服务单位中，在 2010 年、2012 年、2014 年、2015 年和 2016 年分别有 4 家、1 家、5 家、1 家和 8 家单位分别获得北斗分理服务单位资质。与前几年相比，2016 年，获得北斗导航民用分理服务单位的企业数量大幅增加。从区域分布来看，环渤海湾区域的企业共有 10 家，西部区域、长三角区域、珠三角区域分别有 4 家、3 家和 2 家企业获得相关资质。

表 2-2　北斗导航民用分理服务单位一览表

序号	证书编号	证书编号	颁布时间
1	北京神州天鸿科技有限公司	FL1001001	2010-12-23
2	国智恒北斗科技集团股份有限公司	FL1001002	2010-12-23
3	上海普适导航技术股份有限公司	FL1001004	2010-12-23
4	成都振芯科技股份有限公司	FL1001005	2010-12-23
5	重庆北斗导航应用技术股份有限公司	FL1001006	2012-02-13
6	中电科卫星导航运营服务有限公司	FL1202007	2014-01-07
7	航天恒星科技有限公司	FL1403008	2014-01-07
8	广州广嘉北斗电子科技有限公司	FL1403009	2014-01-07
9	上海四方信息技术股份有限公司	FL1403010	2014-01-07
10	西藏金采科技股份有限公司	FL1403011	2014-08-05
11	北京三信时代信息公司	FL1404012	2015-07-01
12	中和北斗信息技术股份有限公司	FL1507013	2016-01-07

续表

序号	证书编号	证书编号	颁布时间
13	广东侨兴宇航科技有限公司	FL1601014	2016 – 11 – 20
14	华安星科（北京）信息技术有限公司	FL1608015	2016 – 11 – 20
15	成都天奥电子股份有限公司	FL1608016	2016 – 11 – 20
16	北京车网互联科技有限公司	FL1608017	2016 – 11 – 20
17	福建飞通通讯科技股份有限公司	FL1608018	2016 – 11 – 20
18	北斗天汇（北京）科技有限公司	FL1608019	2016 – 11 – 20
19	北京神州天鸿科技有限公司	FL1608020	2016 – 11 – 20

资料来源：中国卫星导航定位应用管理中心，赛迪智库整理，2017 年 2 月。

表 2 – 3　北斗导航民用分理服务试验单位一览表

序号	单位名称
1	北京合众思壮科技股份有限公司
2	北京众华原创科技有限公司
3	中国电信集团卫星通信有限公司
4	湖南航天电子科技有限公司
5	国信军创（岳阳）六九零六科技有限公司
6	北京九亿网新农业信息技术有限公司
7	安徽四创电子股份有限公司
8	广州海格通信集团股份有限公司
9	中国船舶工业系统工程研究院
10	上海北斗卫星导航平台有限公司
11	坤泰云通科技（北京）有限公司
12	广州亿程交通信息有限公司
13	上海米度测控科技有限公司
14	西安航华信息科技有限公司
15	陕西北斗康鑫信息科技股份有限公司
16	北京国交信通科技发展公司
17	四川九洲电器集团有限公司

续表

序号	单位名称
18	航天科技控股集团股份有限公司
19	云南银河之星科技有限公司
20	江苏北斗卫星应用产业研究院有限公司
21	河南北斗卫星导航平台有限公司
22	成都川美新技术开发有限公司
23	浙大正呈科技有限公司
24	陕西北斗金控信息服务有限公司
25	吉林省北斗金控信息服务有限公司
26	北京微电子技术研究所
27	北京国电通网络技术有限公司
28	海南北斗天绘科技有限公司
29	北斗恒通（北京）科技有限公司
30	贵州众华原创科技有限公司
31	交通运输部东海航海保障中心
32	浙江同博科技发展有限公司
33	浙江圆融科技有限公司
34	北京华力创通科技股份有限公司
35	深圳市三奇科技有限公司
36	北斗导航位置服务（北京）有限公司
37	辽宁神州北斗运营服务有限公司
38	天绘北斗科技有限公司
39	北京九天利建信息技术有限公司
40	北京天耀宏图科技有限公司
41	河南大华安防科技股份有限公司
42	广州市西洛电气制造有限公司
43	黑龙江北斗天宇卫星导航信息科技股份有限公司
44	民政部国家减灾中心
45	中国交通建设股份有限公司

序号	单位名称
46	中国兵器装备集团上海电控研究所（兵器工业218所）
47	广州北斗平台科技有限公司
48	星球地图出版社
49	北京航天宏图信息技术有限责任公司
50	浙江特勤卫星导航科技有限公司
51	成都中森通信科技有限公司
52	泰斗微电子科技有限公司
53	惠龙易通国际物流股份有限公司
54	中国机动车辆安全鉴定检测中心
55	北京中宝瑞得科技技术有限公司
56	山西长娥北斗导航数据服务有限公司
57	唐山中交兴路信息科技有限公司
58	武汉光谷北斗控股集团有限公司
59	青岛沃曼软控有限公司
60	易通星云（北京）科技发展有限公司
61	上海航瞰信息技术有限公司
62	中国民航科学技术研究院
63	山西迪奥普科技有限公司
64	北斗国科（宜昌）科技有限公司
65	西安航光卫星测控技术有限公司
66	江苏指南针导航通信技术股份有限公司
67	西安直升机有限公司

资料来源：中国卫星导航定位应用管理中心，赛迪智库整理，2017年2月。

　　截至2017年1月，全国共有84家企事业单位获得北斗导航终端级民用服务资质。近年来，获得北斗导航终端级民用服务资质单位数量如图2-5所示。从图2-5来看，除2016年外，每年都有相关单位申请并获得北斗导航终端民用服务资质。

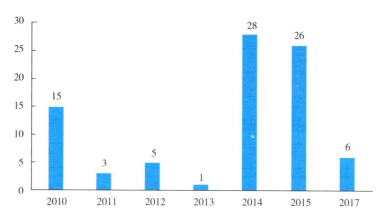

图2-5 2010—2017年获得北斗导航终端级民用服务资质的单位数量

资料来源：中国卫星导航定位应用管理中心，赛迪智库整理，2017年2月。

表2-4 北斗导航终端级民用服务资质单位一览表

序号	单位名称	业务范围	证书编号	颁证时间	序列号
1	深圳市远东华强导航定位有限公司	测量型、定时型、导航型、短报文型	ZD1001001	2010－12－23	无
2	北京星地恒通信息科技有限公司	测量型、定时型、导航型、短报文型	ZD1001002	2010－12－23	00
3	成都国星通信有限公司	测量型、定时型、导航型、短报文型	ZD1001003	2010－12－23	02
4	同方电子科技有限公司	定时型、导航型、短报文型	ZD1001004	2010－12－23	无
5	中国人民解放军第一〇〇一工厂	测量型、定时型、导航型、短报文型	ZD1001005	2010－12－23	无
6	成都中森通信科技股份有限公司	有源导航型、短报文型	ZD1001006	2010－12－23	20
7	国信军创（岳阳）六九零六科技有限公司	定时型、导航型、短报文型	ZD1001007	2010－12－23	16

续表

序号	单位名称	业务范围	证书编号	颁证时间	序列号
8	南京六九零二科技有限公司	定时型、导航型、短报文型	ZD1001008	2010－12－23	18
9	北京神州天鸿科技有限公司	定时型、导航型、短报文型	ZD1001009	2010－12－23	06
10	北京北斗星通导航技术股份有限公司	测量型、定时型、导航型、短报文型	ZD1001010	2010－12－23	31
11	江苏指南针导航通信技术有限公司	定时型、导航型、短报文型	ZD1001011	2010－12－23	38
12	华安星科（北京）信息技术有限公司	测量型、定时型、导航型、短报文型	ZD1001012	2010－12－23	17
13	北京汇美电子技术有限公司	测量型、导航型、短报文型	ZD1001013	2010－12－23	26
14	中电科技扬州宝军电子有限公司	定时型、导航型、短报文型	ZD1001014	2010－12－23	23
15	广州海格通信集团股份有限公司	测量型、定时型、导航型、短报文型	ZD1001015	2010－12－23	08
16	北京众华原创科技有限公司	定时型、导航型、短报文型	ZD1102016	2011－03－23	30
17	北斗天汇（北京）科技有限公司	测量型、定时型、导航型、短报文型	ZD1102017	2011－03－23	11
18	安徽四创电子股份有限公司	测量型、定时型、导航型、短报文型	ZD1102018	2011－03－23	34
19	航天恒星空间技术应用有限公司	定时型、导航型、短报文型	ZD1203020	2012－02－13	01

续表

序号	单位名称	业务范围	证书编号	颁证时间	序列号
20	北京华力创通科技股份有限公司	定时型、导航型、短报文型	ZD1203021	2012 – 02 – 13	35
21	广州南方测绘科技股份有限公司	测量型、无源导航型	ZD1203023	2012 – 02 – 13	无
22	北京九天利建信息技术股份有限公司	测量型、定时型、导航型、短报文型	ZD1203024	2012 – 02 – 13	无
23	湖南航天电子科技有限公司	测量型、导航型、短报文型	ZD1203025	2012 – 02 – 13	37
24	北京盈想东方科技发展有限公司	导航型、短报文型	ZD1304026	2013 – 05 – 13	94
25	北京理工雷科电子信息技术有限公司	测量型、定时型、导航型、短报文型	ZD1405027	2014 – 01 – 07	24
26	成都天奥信息科技有限公司	定时型、导航型、短报文型	ZD1405028	2014 – 01 – 07	49
27	成都天奥电子股份有限公司	定时型、导航型、短报文型	ZD1405029	2014 – 01 – 07	39
28	福建星海通信科技有限公司	有源导航型、短报文型	ZD1405030	2014 – 01 – 07	84
29	广州市中海达测绘仪器有限公司	无源导航型、测量型	ZD1405031	2014 – 01 – 07	无
30	北京遥测技术研究所	测量型、定时型、导航型、短报文型	ZD1405033	2014 – 01.07	无
31	深圳市三奇科技有限公司	定时型、导航型、短报文型	ZD1405034	2014 – 01 – 07	71
32	上海华测导航技术股份有限公司	无源测量型、定时型、导航型	ZD1405035	2014 – 01 – 07	无

续表

序号	单位名称	业务范围	证书编号	颁证时间	序列号
33	北斗导航科技有限公司	测量型、定时型、导航型、短报文型	ZD1405036	2014－01－07	66
34	中国兵器工业导航与控制技术研究所	无源测量型、导航型	ZD1405037	2014－01－07	72
35	江苏金陵机械制造总厂	无源定时型、导航型	ZD1405038	2014－01－07	无
36	西安中星伟业通信科技有限公司	定时型、导航型、短报文型	ZD1405039	2014－01－07	33
37	厦门九华通信设备厂	导航型、短报文型	ZD1405040	2014－01－07	59
38	西安空间无线电技术研究所	测量型、定时型、导航型、短报文型	ZD1405041	2014－01－07	54
39	四川九洲电器集团有限责任公司	测量型、定时型、导航型、短报文型	ZD1405042	2014－01－07	73
40	上海司南卫星导航技术股份有限公司	无源导航型、测量型	ZD1406043	2014－08－06	无
41	重庆北斗导航应用技术股份有限公司	无源导航型、定时型	ZD1406044	2014－08－06	无
42	重庆九洲星熠导航设备有限公司	无源导航型、定时型	ZD1406045	2014－08－06	无
43	泰斗微电子科技有限公司	导航型、定时型、短报文型	ZD1406046	2014－08－06	96
44	陕西诺维北斗信息科技股份有限公司	导航型、短报文型	ZD1407047	2014－12－16	无
45	北京北方联星科技有限公司	定时型、导航型、短报文型	ZD1407048	2014－12－16	75
46	北京微电子技术研究所	导航型、短报文型	ZD1407049	2014－12－16	无

续表

序号	单位名称	业务范围	证书编号	颁证时间	序列号
47	北京韦加航通科技有限责任公司	导航型、短报文型	ZD1407050	2014－12－16	52
48	江苏无线电厂有限公司	导航型、短报文型	ZD1407051	2014－12－16	25
49	中国航空无线电电子研究所	导航型、短报文型	ZD1407052	2014－12－16	15
50	北京星桥恒远导航科技股份有限公司	定时型、测量型、导航型、短报文型	ZD1407053	2014－12－16	92
51	成都川美新技术股份有限公司	导航型、短报文型	ZD1407054	2014－12－16	无
52	航天恒星科技有限公司	导航型、短报文型	ZD1407055	2014－12－16	53
53	广东亿纬电子有限公司	导航型（只无源）	ZD1508056	2015－06－06	无
54	北斗恒通（北京）科技有限公司	导航型（只无源）	ZD1508057	2015－06－06	无
55	北京精勤谐创科技发展有限公司（冻结）	导航型（只无源）	ZD1508058	2015－06－06	无
56	北京泰豪装备科技有限公司	导航型、短报文型	ZD1508059	2015－06－06	无
57	江苏泰达机电设备有限责任公司	导航型、短报文型	ZD1508060	2015－06－06	29
58	中国人民解放军六九○五工厂	导航型、短报文型	ZD1508061	2015－06－06	无
59	青岛海信电子设备股份有限公司	导航型、短报文型	ZD1508062	2015－06－06	65
60	西安欣创电子技术有限公司	导航型、短报文型	ZD1508063	2015－06－06	88

续表

序号	单位名称	业务范围	证书编号	颁证时间	序列号
61	中船重工第七一六研究所	导航型、短报文型	ZD1508064	2015 – 06 – 06	64
62	苍穹数码技术股份有限公司	导航型（只无源）	ZD1508065	2015 – 06 – 06	无
63	杭州中导科技开发有限公司	导航型（只无源）	ZD1508066	2015 – 06 – 06	无
64	中国船舶重工集团公司七〇七研究所	测量型、导航型（只无源）	ZD1511019	2015 – 11 – 06	无
65	中国交通建设股份有限公司	导航型（只无源）	ZD1511067	2015 – 11 – 06	无
66	黑龙江北斗天宇卫星导航信息科技股份有限公司	导航型（只无源）	ZD1511068	2015 – 11 – 06	无
67	成都星航电子有限公司	导航型、短报文型	ZD1511070	2015 – 11 – 06	无
68	武汉中原电子集团有限公司	导航型、短报文型	ZD1511071	2015 – 11 – 06	无
69	中国兵器装备集团上海电控研究所（兵器工业 218 所）	导航型、短报文型	ZD1511072	2015 – 11 – 06	61
70	国智恒北斗科技集团股份有限公司	导航型、短报文型	ZD1511074	2015 – 11 – 06	70
71	浙江圆融科技有限公司	导航型、短报文型	ZD1511075	2015 – 11 – 06	14
72	北京中宝瑞得科技技术有限公司	导航型（只无源）	ZD1512022	2015 – 12 – 15	无
73	星球地图出版社	导航型（只无源）	ZD1512076	2015 – 12 – 01	无
74	湖北高通空间技术有限公司	测量型、导航型（只无源）	ZD1512077	2015 – 12 – 01	无

续表

序号	单位名称	业务范围	证书编号	颁证时间	序列号
75	航天科技控股集团股份有限公司	导航型、短报文型	ZD1512078	2015－12－01	无
76	尚禹河北电子科技有限公司	导航型、短报文型	ZD1512079	2015－12－15	无
77	河南北斗卫星导航平台有限公司	导航型（只无源）	ZD1512080	2015－12－15	无
78	山西长娥北斗导航数据服务有限公司	导航型（只无源）	ZD1512081	2015－12－15	无
79	广州市西洛电气制造有限公司	导航型、短报文型	ZD1613082	2017－01－01	无
80	中勍科技有限公司	导航型、短报文型	ZD1613083	2017－01－01	无
81	河北德海电子科技有限公司	导航型、短报文型	ZD1613084	2017－01－01	无
82	上海复旦微电子集团股份有限公司	导航型、短报文型	ZD1613085	2017－01－01	无
83	成都可为科技股份有限公司	无源定时型、导航型	ZD1613086	2017－01－01	无
84	长沙冠睿电子科技有限公司	导航型（只无源）	ZD1613087	2017－01－01	无

资料来源：中国卫星导航定位应用管理中心，赛迪智库整理，2017年2月。

表 2-5 北斗导航民用分理服务检测机构一览表

序号	单位名称	检测中心名称	类别
1	中国电子科技集团公司第五十四研究所	国家通信导航与北斗卫星应用产品质量监督检验中心	国家中心
2	上海市计量测试技术研究院	国家卫星导航与定位服务产品质量监督检验中心	国家中心
3	工业和信息化部电子第五研究所	国家卫星导航及应用产品质量监督检验中心	国家中心
4	北京无线电计量测试研究所	北斗卫星导航产品 2101 质量检测中心	区域中心
5	江苏北斗卫星导航检测中心有限公司	北斗卫星导航产品 2201 质量检测中心	区域中心
6	国防科学技术大学	北斗卫星导航产品 2301 质量检测中心	区域中心
7	中国电子科技集团公司第七研究所	北斗卫星导航产品 2401 质量检测中心（筹）	区域中心
8	中国电子科技集团公司第二十四研究所	北斗卫星导航产品 2501 质量检测中心（筹）	区域中心
9	中国电子科技集团公司第二十研究所	北斗卫星导航产品 2601 质量检测中心	区域中心
10	中国信息通信研究院	信息通信产品（电信终端）北斗卫星导航应用质量检测中心（筹）	行业中心
11	国家无线电监测中心检测中心	信息通信产品（无线电发射设备）北斗卫星导航应用质量检测中心（筹）	行业中心

资料来源：中国卫星导航定位应用管理中心，赛迪智库整理，2017 年 2 月。

第二节　发展状况

一、稳步推进北斗导航卫星星座系统的全球化组网进程

2016 年，在第二代卫星导航系统重大专项的支持下，一方面我国军地有关部门组织实施了 3 颗北斗卫星的发射活动，另一方面对已有的北斗一代和北斗二代导航卫星进行备份，进一步提高了我国北斗卫星导航系统运行的可靠性和稳定性，为北斗产业国际化发展奠定了坚实基础。截至 2017 年 1 月，我国北斗导航系统共发射 23 颗卫星。

在卫星研制过程中，相关军工企业、科研院所等充分协调创新资源，突破了一批关键核心技术。其中第 21 颗北斗导航卫星由中科院微小卫星创新研究院（上海微小卫星工程中心）作为卫星系统总体单位，联合中国电子科技集团、中国航天科技集团和中科院国家空间中心、电子学研究所、上海天文台、武汉物理与数学研究所、上海技术物理研究所、光电技术研究所、光电研究院等三十多家单位参与了型号研制任务。一方面，在卫星结构设计方面，采用了中科院导航卫星专用平台，突破了轻量化框架面板结构设计、单独星敏感器定姿、高功能密度综合电子、时频无缝切换技术、星间链路、星载原子钟和下行导航信号等技术，将原子钟组之间的切换速度提高到皮秒级；另一方面，在北斗导航卫星上的关键零部件方面，首次搭载使用中国科学院上海微系统所自主开发的基于 0.13 微米 SOI（Silicon – On – Insulator）工艺的新微安全芯片，突破面向空间辐照的高集成电路设计技术。

二、地基增强系统正式投入使用

2016 年，我国北斗地基增强系统工程——"全国一张网"取得重大进展。在 2016 年 5 月，中国兵器工业集团和阿里巴巴集团联合成立的千寻位置服务公司，加强卫星导航系统资源统筹安排，已初步建成了分布在全国各地150 个国家框架网基准站和 1200 个区域站组成的北斗卫星地基增强系统，开

始向经济发达的多个省市、全国主要公路干道和河道及二级以上城市提供实时高精度位置服务。该系统是目前世界范围分布规模最大、密度最高，并能够兼容北斗、GPS、GLONASS 三大卫星系统的地基增强"一张网"。

在中国兵器工业集团公司支持下，2016 年由中国交通运输部北海航海保障中心负责承担《北斗地基增强系统》项目的建设和实施任务，共建设 10 个北斗连续运行（卫星定位服务）参考站和北斗卫星导航数据处理服务中心、数据监控中心。其中，充分利用现有的 RBN－DGPS 基准站网、航标管理站、船舶自动识别系统等航运基础设施建设成果，建设一批北斗连续运行（卫星定位服务）参考站及配套装置；统筹发挥现有网络资源优势，对接北海航海保障中心机房，建设基于北斗的数据处理服务中心；该项目基本覆盖北海、东海以及南海三个海区，通过建设全海区数据监控中心，实现了三个海区的北斗基准站数据的汇总和整合，达到对三个海区的北斗连续运行（卫星定位服务）参考站、基于北斗的通信链路、高精度定位产品的全面监控。目前建设的基站已经正式投入运行。随着项目建设进度的不断加快，夯实了我国沿海北斗导航系统基础设施，提升了在海洋领域应用北斗高精度位置服务的能力，已实现了我国北方部分沿海 50 公里范围以内，其精度可达到厘米级，促进了卫星导航产业与海洋产业的发展，提高了我国在开展海上交通安全保障、搜救能力和海事监管能力。

三、北斗导航产业应用示范稳步推进

在 2016 年，北斗导航系统作为国家民用基础设施之一，其产业链得到加速发展。在北斗导航系统的空间段，北斗系统全球组网不断加速，2016 年，我国共发射了 3 颗北斗导航卫星，进一步提高了北斗系统可靠性和服务性能，为开拓全球市场奠定了坚实基础；在终端应用段，我国已经形成了基础元器件产品、应用集成终端产品和运行服务方案等相对完整的北斗导航产业应用体系，正在从交通、电力、金融等关系国计民生的重点行业应用向电子消费、智慧城市等大众市场拓展。2016 年，我国北斗产业占全国卫星导航产业规模的 45%，与 2015 年北斗产业占全国规模 30% 的占有率相比，有了大幅提升；2016 年，围绕北斗产业的基础元器件等关键核心技术，取得了全面的突破，

已掌握了包括北斗卫星导航芯片、高精度天线等技术，北斗芯片进入了40纳米发展新阶段，有效降低了国产芯片体积大、功耗高等问题。

2016年，北斗导航产业继续推进行业应用和区域示范应用，围绕运输、气象、渔业、公共安全、林业等11个关系国计民生和国家安全的重点领域实现了大规模应用；在区域示范应用方面，北京、上海、江苏、广西、贵州展开的卫星导航区域示范项目加速推进，其中：6月，中国卫星导航系统管理办公室、广西壮族自治区工业和信息化委员会在北京联合主持召开"中国第二代卫星导航系统重大专项区域示范项目广西壮族自治区北斗综合应用示范项目工程可行性研究报告评审会"；随后在7月，中国卫星导航系统管理办公室、贵州省经济和信息化委员会联合组织召开"贵州北斗综合应用示范项目"里程碑节点检查会；9月，在第二代卫星导航重大专项的支持下，中国卫星导航系统管理办公室联合上海市科学技术委员会在上海市组织召开长三角卫星导航应用示范工程验收总结会，该工程是中国第二代卫星导航系统重大专项实施的首个完成的区域示范工程，为北斗导航系统的大规模应用奠定了坚实基础。

在应用规模方面，通过提供无源服务和有源定位服务，使得北斗民用用户已达到千万级。在无源服务方面，北斗系统整体性能全部满足设计要求，定位精度、授时精度等关键指标明显优于设计指标；在有源定位服务方面，累计提供有源定位服务12亿次，短信服务超过60亿次，基于北斗的双向授时服务超过9000万次，2016年，申请北斗系统入网注册的用户量超过7万余人，提供基于北斗的有源定位服务超过2亿次，采用基于北斗的短报文的短信服务业务量已经超过30亿次，基于北斗的双向授时服务已超过800万次。

2016年，北斗导航系统在防灾减灾、热力行业等领域不断深化。通过采用北斗＋GPS等多系统联合定位监测，不仅实现了对暴雨条件下滑坡、泥石流等自然灾害的准确预警，而且还实现对外部变形的毫米级位移监测；基于国家北斗精准服务网，中国卫星导航定位协会与中国城镇供热协会签署战略合作协议，积极探索北斗卫星导航系统在热力行业的深化应用；由中国卫星导航定位协会联合有关单位组织，加快实施北斗"百城百联百用"行动，目前该项目取得系列重大突破，已经通过采用国家北斗精准服务网的位置、授时、定位、导航等服务，为全国范围内的 300 余座城市的智慧城市建设提供服务。

四、形成相对完善的导航产业体系

经过多年发展，我国已经形成了完整的北斗导航产业链，围绕北斗导航产业的生产与集聚、组织与管理、应用与服务各层级正在加速构建。我国的北斗卫星定位导航系统主要由空间段、地面段和用户段三部分组成。据 GSA 的统计数据显示，我国在全球卫星导航产业规模企业所占比例为 8.8%。总体而言，大多数企业仍然集中在系统集成商、服务运营商等领域，在组件制造商领域仅有华测导航一家企业。从整体上看，我国卫星导航产业规模与美国和欧洲等卫星导航产业先发地区的产业规模的差距不断缩小。但北斗卫星导航产业的产业规模占据整个卫星导航产业规模的比例仍然比较小，仅占全球卫星导航产业的 5%，与美、欧仍有不小差距。随着北斗系统的知名度、曝光度、显示度逐步提高，以及全球组网逐步推进，与 GPS、格洛纳斯、伽利略等 GNSS 兼容互操作性的加强，我国北斗系统将占据更多国际市场份额。

我国亟待贯彻落实网络强国、"中国制造 2025""互联网 +"等战略，不断打造基于北斗的自主时空信息产业生态系统，不断加快在卫星导航产业链相关环节的国际国内标准体系建设，加强产业链环节的企事业单位的协调创新，突破一批关键核心技术，更加注重开展北斗导航在行业应用市场和大众应用市场的推广，大力推动高精度位置服务、智慧城市建设、基于 GNSS 物联网应用、大数据等相关产业与卫星导航产业的协同发展，实现基于 GNSS 的位置服务、车载定位导航、物联网的细分领域的卫星导航产业的规模化增长。当前，基于北斗卫星导航系统的智慧城市建设已经全面开展，在城市的燃气、热力、电网、水网等能源动力系统方面实现了规模化应用，而且实现了在智慧交通、民生关爱、智慧养老、智慧医疗等方面进行了跨界融合的探索，通过基于北斗的智慧城市建设，促进了城市运行的信息化管理能力提升。

第三节 主要特点

一、自主创新能力不断增强

我国北斗在产业发展过程中，不断增强自主创新能力。一是北斗芯片成果取得重大突破，2016 年 1 月 8 日，在 2015 年度国家科学技术奖励大会上，"多系统多频率卫星导航定位关键技术及 SoC 芯片产业化应用"获国家科技进步二等奖；二是启动国家综合 PNT（定位、导航、授时）体系相关技术研究，弥补北斗卫星导航系统在室内、水下、深空等领域存在的服务盲区，满足经济社会发展需求；三是第 21 颗导航卫星采用全新导航卫星专用平台，在星间链路、星载原子钟和下行导航信号等方面采用多项新技术。

二、民用市场拉动北斗产业继续增长

根据消费用户的分布情况，卫星导航市场主要分为特殊（安全）应用市场、行业（领域）应用市场和大众（个人）应用市场三大类。我国已陆续启动交通公路运输、海上运输、气象、渔业、公共安全、民政减灾救灾、林业等 12 个基于北斗定位、导航、授时的卫星导航重点行业示范应用，以及在覆盖我国长三角、珠三角、北京、陕西、湖南、贵州、湖北、江苏、广西等 18 个区域范围的试点示范。目前，我国北斗应用已完成初期市场培育，大众应用市场主要集中在手机位置服务和个人车辆应用两大细分市场，整体处于标配化应用启动期；行业应用市场主要集中在交通领域，整体处于规模化应用发展期；特殊应用市场主要集中在军事应用和安全应急救援领域，整体处于持续稳定增长期。总体来看，大众市场有所突破但仍未全面启动，高精度应用、车联网、室内外无缝定位技术应用等新兴市场不断受到热捧。在军民融合上升为国家战略的大背景下，随着北斗全球系统和北斗地基增强系统"全国一张网"的建成，以及芯片小型化、低功耗、低成本的发展，民用市场将呈现爆发式增长的局面，特别是大众应用市场和新兴市场的潜力将进一步释放。

三、跨界融合成为北斗产业发展新空间

北斗导航产业发展逐步呈现出"天基地基、室内室外、通信导航、国计民生"四位一体融合的趋势。特别是随着航天卫星科学技术和信息技术的发展进步，卫星应用与物联网、大数据、云计算、移动通信和互联网技术的跨界融合成为了各方关注热点。同时，随着网络和信息化快速发展对社会信息的影响，大众对基于位置信息数据和授时数据的创新性、综合性的时空信息服务的需求快速增长，以北斗导航卫星所提供的时间和空间信息为核心和基础，结合多种卫星应用，融合集成互联网技术以及大数据、云计算、物联网等多种信息技术，整合多种数据资源，构建并提供功能强大、天地一体、无缝覆盖时空信息网络和服务的北斗新时空信息服务成为关注焦点。北斗新时空服务是北斗导航产业升级版，是推进智能信息产业发展和国家信息化革命的核心主体与强大工具，是当前许多新概念实施最有可操作性的技术支撑系统，其价值远未被开发。

四、区域合作推动北斗产业发展

为贯彻落实京津冀协同发展战略，2016 年，北京市、天津市、河北省在北京签署《京津冀信息化协同发展合作协议》，坚持优势互补、资源共享的发展原则，促进三地在北斗导航与位置服务产业的资源优势融合，扩大北斗产业的应用领域和市场，通过联合，京津冀三地可加快推进三地建设基于北斗导航的位置服务公共平台的进程，共同打造京津冀北斗导航位置服务运营平台，最终实现平台互通，协同发展，为更好推进京津冀北斗卫星导航区域应用示范项目建设打下坚实的基础。通过三方持续的创新增值业务服务，可不断提升示范项目社会化应用和商业化运营水平，持续扩大服务范围，共同推动京津冀北斗导航与位置服务产业的快速发展。

五、北斗国际化应用稳步推进

2016 年，是北斗导航产业在国际化发展过程十分重要的一年。一是建立了多个双边、多边框架合作协议，1 月 13 日，我国发布《中国对阿拉伯国家

政策文件》，文件表示，中阿双方将进一步发展航天合作，积极探索在空间技术、卫星及其应用、空间教育、培训等领域可开展的联合项目，并将北斗系统作为重要发展领域，以促进北斗卫星导航系统落地阿拉伯国家，服务"一带一路"的国家战略。我国卫星导航系统管理办公室和阿卜杜勒阿齐兹国王科技城、阿拉伯信息通信技术组织在利雅得、开罗签署了《中沙卫星导航领域合作谅解备忘录》《中阿卫星导航领域合作谅解备忘录》。

二是建设了海外北斗 CORS 单基站。2016 年，北斗地基增强系统在老挝建成并通过技术测试，落地万象市塞色塔综合开发区。我国建立的老挝卫星定位综合服务系统可应用于包括国土资源规划、智慧城市建设、交通运输监控、水利水电、电力能源等关系国计民生的重点行业；通过提供实时性、精确性、自主安全可靠的位置数据源，为国土资源、水利水电、交通基础设施、大型电站等工程实施提供基于北斗的高精度位置、定位、导航和授时服务；采用基于北斗导航系统的三维空间位置信息和时间信息，对城市的交通运输、公安社会管理、金融运行等提供监控和管理服务；为自然灾害的监测提供服务。

三是通过各类大型活动，不断提高北斗的国际影响力。2016 年 5 月，我国首次举办国际星基增强系统互操作工作组会议（Satellite Based Augmentation System Interoperability Working Group，SBAS IWG）。为加快落实习近平总书记关于中阿共建"一带一路"的倡议，2016 年，科技部国际合作司主办北斗技术与应用国际培训班，首次招收了阿拉伯地区学员。2017 年 3 月，北斗在国际海事应用领域取得了又一重大进展，在英国伦敦召开的国际海事组织航行安全、通信及搜救分委会第四次会议（IMO NCSR 4）中，将北斗写入海事应用的定位、导航及授时 PNT 导则。

四是加强标准建设，推动北斗导航进入国际相关标准体系。2016 年 1 月，在美国加利福尼召开的亚洲国际海事无线电技术委员会第 104 专业委员会（RTCM SC - 104）会议上，我国发布了首个全面支持北斗的 RINEX 标准（3.03 版本），标志着北斗完整进入 RINEX 标准。

产 业 链 篇

第三章 基础元器件

基础元器件是卫星导航应用产业的基础产业，包括芯片、板卡、天线、电子地图等组成终端产品和系统集成的各类产品。当前，随着信息网络技术的迅猛发展，以及通信、遥感与导航的应用融合发展，促进了卫星导航终端产品向低功耗的方向发展。我国在卫星导航基础元器件制造的产业发展十分迅猛，在芯片方面，已经突破了 40nm 工艺水平，不断缩小与国际先进水平的差距；在高精度 OEM 板卡方面，我国国产天线数量占据了 68%；高精度天线的出货量不断增长，但仅占全国天线总出货量的 7%，与国际先进水平还存在巨大差距；电子地图供应商加速与网络运营和服务商的融合发展，不断挖掘位置信息服务的价值。

第一节 芯 片

2016 年，是我国具有自主知识产权的国产北斗芯片在市场推广的重要一年。我国北斗导航芯片呈现爆发式增长，芯片出货量从 2013 年到 2016 年实现了从百万套到千万套的突破。芯片主要包括射频芯片和基带芯片两类，主要生产企业有和芯星通、泰斗微电子、航天华讯、中科微电子、东方联星、华力创通、北理雷科、航天恒星、振芯科技、合众思壮等。2016 年，我国北斗芯片的出货量为 2650 万套，与 2015 年相比，增长了 100%。

2016 年，武汉梦芯科技有限公司、西安航天华讯科技有限公司，在 2015 年突破北斗导航芯片的 55nm 主流设计和生产工艺，其 SoC 已进入 40nm 工艺水平的基础上，开始批量生产 40nm 的北斗导航芯片，将射频芯片、基带芯片和微处理器合而为一，提高了产品性能和可靠性，降低了体积、功耗和成本。但是，我国北斗导航芯片的制造技术与国际主流水平仍有较大差距。国际导航芯片巨头高通、博通、诺瓦泰、U－BOX 等公司的主流制造工艺为 28nm，受制于我国集成电路设计和制造工艺水平，国内基带与射频芯片在功耗、灵敏度、产品稳定性等方面尚有一定差距。单芯片集成、GNSS 多系统信号捕获及联合定位、芯片电磁兼容、静电放电保护、封装测试、高灵敏度低功耗及亚微米芯片设计等关键核心技术亟待突破。此外，北斗芯片等基础元器件的知识产权、标准布局也相对滞后。

表 3 – 1   部分北斗基带芯片生产企业概述

序号	企业	产品	行业应用
1	和芯星通科技（北京）有限公司	抗干扰导航定位模块	前装车载、现代农业机械控制、无人机、卫星监控平台
2	泰斗微电子科技有限公司	自主导航模块、授时定位模块	交通运输、消费电子、新一代通信、智能电网、物联网/车联网、测量测绘、公用设施管理
3	西安华讯科技有限责任公司	组合导航模块	北斗授时、客货运应用、公务车、移动终端、公共服务应用、抗震救灾、气象探测、测量
4	北京东方联星科技有限公司	微型模块	航空、航海、航天、气象、车载、智能手机
5	北京中科微电子技术有限公司	导航模块	工业控制、计算机移动互联及周边、汽车电子、高性能模拟数字混合集成电路、节能管理及驱动领域
6	北京华力创通科技股份有限公司	兼容型导航定位模块	精确制导武器、电子对抗、航空电子、信息化作战、指挥控制及先进武器系统研制、智慧城市、空间信息、应急通信、变形监测、海洋工程
7	北京理工雷科电子信息技术有限公司	双频导航接收模块	雷达系统、卫星导航、数据采集/存储/处理

资料来源：赛迪智库整，2017 年 2 月。

表 3 - 2　部分北斗射频芯片生产企业概述

序号	企业	产品	行业应用
1	中国电子科技集团公司第24研究所	射频芯片	客货运应用、公务车、移动终端、公共服务应用、抗震救灾
2	西安华讯科技有限责任公司	双模射频芯片	北斗授时、客货运应用、公务车、移动终端、公共服务应用、抗震救灾、气象探测、测量
3	广州润芯	双模双通道芯片	北斗、GPS、新一代宽带无线通信
4	广州润芯信息技术有限公司	双通道抗干扰卫星导航定位射频芯片	汽车电子、计算机移动互联及周边
5	上海北伽导航科技有限公司	航芯一号北斗多模导航芯片	卫星导航定位、多模（BDS、GPS、GLO-NASS、Galileo）卫星导航芯片
6	西安欣创电子技术有限公司	抗干扰专用卫星导航定位射频芯片	海洋渔业、地面接收、与低空域监测、工商业发展
7	武汉梦芯科技有限公司	射频芯片	车载/车道导航

资料来源：赛迪智库整理，2017 年 2 月。

第二节　板　卡

　　板卡是利用导航芯片、外围电路和相应的嵌入式控制软件制成带输入输出接口的板级产品，具备终端的主要功能。2016 年，我国北斗板卡出货量为56 万套左右，主要供应商包括振芯科技、海格通信、华力创通、四创电子。

　　2016 年，我国北斗导航板卡企业主要发展特点有：一是部分核心技术取得突破。以上海司南、华测导航、和芯星通等公司为代表，已经突破北斗核心板卡、多系统兼容、高动态、高集成、低压/低功耗集成电路设计、数/模混合信号电路设计、高效能功率控制技术领域，实现了多系统高精度接收设备的完全自主化。二是推出了系列化板卡产品。国内企业以芯片为基础，针对测绘、地理信息、智能交通、安全工程、精准农业、科研、国防等多领域，建立支撑导航系统的专用算法，开发出系列板卡产品。三是与国外板卡厂商之间仍存在不小差距。相比国外厂商，我国板卡企业在工艺水平、体积功耗、产品成本、集成度（与蓝牙、Wi－Fi、FM、NFC集成）等存在差距。

高精度板卡主要应用多系统CORS参考站、高精度测绘、航空航天、变形监测、机械控制、系统集成等领域。据中国卫星导航定位协会统计，2016年，全国高精度OEM板卡数量为14万台，上海司南和上海华测两家企业占全国市场的68%。

表3－3　部分北斗高精度板卡生产企业概述

序号	企业	核心技术	产品	行业应用
1	上海司南卫星导航技术股份有限公司	高精度GNSS技术	多系统多模系统	测绘、地理信息、智能交通、安全工程、精准农业、国防
2	和芯星通科技（北京）有限公司	多星座多频高精度定位算法	高精度定位板卡	测量RTK、驾考培训、机载导航、南极科考、矿山机械
3	上海华测导航技术股份有限公司	北斗高精度GNSS测绘技术	三系统高精度定位OEM主板	精准农业、勘探、交通、海洋、港口、气象、国防、科研、各大院校等行业的高精度差分定位与授时

资料来源：赛迪智库整理，2017年2月。

第三节　天　线

北斗导航天线由陶瓷天线、低噪音信号模块、线缆和接头组成，主要用于接收导航卫星的信号，占卫星导航终端产品价值的10%。卫星导航天线可分为多模导航型天线和多模多频高精度天线。2016年，我国北斗导航天线的出货量为580万套左右，比2015年增长40%。

2016年，我国北斗导航天线生产企业主要发展特点有：一是导航天线相关的材料技术取得突破。国内企业已生产具有介电常数高、介质损耗低、品质因数高、谐振频率温度系数小等特点的陶瓷介质。二是多系统兼容能力增强。国内企业已掌握具备信号接收和发射功能并兼容北斗、GPS 和 GLONASS 系统的天线技术。三是缺乏高精度测量型天线产品。我国北斗导航天线生产企业主要以大众消费类低精度产品为主，缺乏高精度测量型天线独立设计和生产的能力。国外高精度测量型天线占据国内市场一半份额。

北斗高精度天线主要用于测量测绘、驾校考试、智能交通、精准机控、精细农业、靶场定位、差分站等领域。2016 年，国产北斗高精度天线出货量为 36 万个，占天线出货量的 7% 左右。我国高精度天线与国外的差距是，尚未掌握低功耗、小型化、抗干扰等关键技术，在智能手机等高端天线市场不能与天宝、佳明、莱德尔、莱卡、U – Blox 等国外公司抗衡。

表 3 – 4 部分北斗天线生产企业概述

序号	企业	核心技术	产品	行业应用
1	嘉兴佳利电子有限公司	微波陶瓷材料技术	多模多频小型化天线	北斗车载导航天线
2	嘉兴金昌电子有限公司	卫星导航技术	航空天线	码头集装箱作业
3	华颖泰科电子技术有限公司	卫星导航/惯性导航技术	高精度天线、车载天线	大地测量、道路施工、海洋测量
4	上海海积信息科技股份有限公司	北斗高精度核心技术	北斗高精度多星全频段天线	水利水电、海洋渔业、交通运输、国土测绘、减灾救灾及公共安全
5	深圳市华信天线技术有限公司	卫星通信和数据传输技术	高精度卫星定位天线	大地测绘、海洋测量、航空航天、农业机械
6	陕西海通天线有限责任公司	军用通信和卫星导航天线设计	"北斗一号"用户机系列天线	船载、车载市场
7	西安欣创电子技术有限公司	卫星导航天线芯片研发技术	特种导航天线、车载天线、卫星导航天线	海洋渔业、地面接收、低空域监测、工商业发展
8	北京东方联星科技有限公司	射频技术、基带芯片技术	抗干扰卫星导航天线	航空、航海、航天、气象、车载、智能手机
9	广州市中海达测绘仪器有限公司	测绘地理信息技术	高精度无人机天线	三维数据、管线探测、测绘地理信息

资料来源：赛迪智库整理，2017 年 2 月。

第四节　电子地图

我国具有电子地图甲级测绘资质的企业共 12 家，分别为四维图新、高德软件、图灵软件、长地万方、凯立德、易图通、北京城际高科、国家基础地理信息中心、科菱航睿、立得空间、浙江省第一测绘院、江苏省基础地理信息中心。国外电子地图供应商包括谷歌、诺基亚、讯通科技（TomTom）等。

当前，我国电子地图产业主要发展特点为：一是电子地图产品多元化发展。企业纷纷推出三维地图、卫星地图、街景地图、室内地图、3D 地图等多种地图产品，满足大众和行业市场个性化需求。二是企业从传统电子地图制造商向综合地理信息服务商转变。多数企业通过挖掘电子地图深度应用信息，突破行业数据与地图数据融合技术，提供全方位地理空间信息解决方案和服务。三是尚未突破高精度定位导航技术。国内企业仍停留在提供 POI 分类信息和室内外图标技术发展阶段，与国外谷歌、诺基亚、讯通科技在室内外高精度定位技术、三维实景与影像地图制作技术存在很大差距。

表 3-5　部分电子地图企业概述

序号	企业	核心技术	主要产品	应用领域
1	北京四维图新科技股份有限公司	NDS 标准格式编译技术	高精度地图、行人导航地图	汽车导航、消费电子导航
2	高德软件有限公司	电子地图测绘技术	高德地图	车载导航、手机导航
3	北京图灵软件有限公司	GIS 开发	三维地理信息系统平台	汽车信息服务
4	深圳市凯立德科技股份有限公司	导航电子地图软件开发	"道道通"导航电子地图	交通、旅游、预警等相关领域
5	易图通科技有限公司	车载导航技术	凯立德车载导航、PND 导航、手机导航	汽车消费电子、车联网领域

续表

序号	企业	核心技术	主要产品	应用领域
6	北京城际高科信息技术有限公司	地图制作技术、地理信息系统技术	车载导航、便携式电子地图	前装车载导航
7	国家基础地理信息中心	数据采集技术	城际通系列导航产品	导航电子地图、车载信息终端
8	启明信息技术股份有限公司	地理信息系统设计与开发	国家地理信息公共服务平台	国家测绘地理信息
9	北京神州天鸿科技有限公司	地图生产、软件研发、系统集成	导航电子地图、导航系统软件、GPS车辆监控系统	政府、交通、公安、电信
10	国智恒北斗科技集团股份有限公司	一体化移动测量技术	移动测量系统MMS	城市管理、应急、公安、测绘

资料来源：赛迪智库整理，2017年2月。

第四章　终端设备

终端设备指卫星导航接收设备。按照应用领域，终端设备可以分为专业领域和大众领域。其中，专业领域包括通信、地理数据采集、测绘、车辆监控调度和导航服务、航空航海、军用、授时、机械控制等，大众领域主要包括信息服务、PND（便携式导航终端）、娱乐消费等领域。近年来，北斗终端设备呈现爆发式增长。2016 年，北斗导航终端设备出货量为 2000 万套左右，比 2015 年增加 60%。

北斗卫星导航终端设备的功能模块包括定位、航线及时、航线引导、电子地（海）图匹配、电子地（海）图数据库和人机交互接口等功能模块，其中导航型终端由天线及馈线、主机、数据存储介质、人机交互设备、数据通信接口设备和供电设备组成。主机包括射频信道、基带信号处理器和中央处理器；数据存储介质，包括电子地（海）图数据库存储介质和用户数据存储介质；人机交互设备包括显示设备，语音输出设备和用于信息输入及操作控制的设备。

第一节　专业终端

专业终端包括各类测绘仪、测姿测向设备、授时设备、机载和各类手持设备，主要供应商包括同方电子科技有限公司、国信军创（岳阳）六九零六科技有限公司、北斗天汇（北京）科技有限公司、航天恒星科技有限公司、深圳赛格股份有限公司、北京合众思壮科技股份有限公司、成都振芯科技股份有限公司、北京北斗星通导航技术股份有限公司、上海华测导航技术有限公司、北京华力创通科技股份有限公司、广州南方测绘科技股份有限公司、广州海格通信集团股份有限公司等企业。

北斗导航终端制造企业的发展特点有：一是终端设备性能不断提高。终端生产企业掌握了高精度测量和处理、高灵敏度捕获等技术，推出了抗复杂电磁干扰、多系统兼容、模块化、小型化、低功耗的各类中高端终端设备。二是企业以云计算、物联网、大数据等新业态融合为抓手，逐步从单一的终端设备集成制造向系统供应商和服务运营商转变。三是在可靠性、集成度和高精度等核心技术方面与国外巨头仍有差距。

第二节　大众终端

大众终端主要包括车载/船载导航设备、智能手机设备，涉及公路运输、远洋运输、内河航运、交通物流、应急救援等多个领域。车载导航已成为北斗导航终端产品的最大行业应用市场，占据了大众终端市场的85%。

北斗导航车载终端分为车机终端和其他终端。其中车机终端导航主要由主机、显示屏、操作键盘（遥控器）和天线组成。车载导航前装市场供应商包括国内的深圳市航盛电子股份有限公司、德赛西威汽车电子股份有限公司、惠州华阳通用电子有限公司。2016年我国车载导航的前装导航设备出货量为110万台左右，比2015年增长48%。

后装市场主要以国内车载电子产品厂商为主。广东省的深圳、惠州、东莞是后装车载娱乐导航系统的主要地区，生产厂商包括广东好帮手电子科技股份有限公司、北京合众思壮科技股份有限公司、深圳市航盛电子股份有限公司、惠州华阳通用电子有限公司、广州飞歌汽车音响有限公司、天派电子（深圳）有限公司、纽曼公司、北京中恒讯视科技发展有限公司、广东远峰电子科技股份有限公司、深圳市赛格导航科技股份有限公司等。

我国北斗导航车载终端企业发展特点有：一是车载导航终端应用规模不断增长，已经进入了长城汽车股份有限公司、安徽江淮汽车集团股份有限公司、长安汽车股份有限公司、中国第一汽车集团公司、东风启辰汽车公司等整车的前装市场。二是车载导航终端企业仍主要集中在后装市场，占总车载终端的73%。受制于基础元器件技术水平，国内企业主要围绕国外芯片做后端开发，仍处于技术含量低、附加值低的环节。三是与国际相比，我国北斗导航车载终端在系统集成化、功能多元化、信息融合化、服务精准化等方面还有较大差距。

第五章　增强系统

地基增强系统指利用多基站网络 RTK 技术建立的连续运行卫星定位服务综合系统，通过在计算机、服务器、数据链通信、互联网络等组织的综合专用网络，对导航卫星系统的载波相位和伪距等导航卫星播发的位置、授时等数据进行实时接收和再次处理，得到载波相位和伪距的修正值和状态值，以及基于这些基础数据所产生的各种北斗信息服务项目的系统解决方案。地基增强系统具有作用范围广、精度高、野外单机作业等优点。

第一节　地基增强系统

当前，我国北斗增强系统共包括两类，分别是政府主导的非商业地基增强系统和企业主导建设的各类商业增强系统。在政府主导的非商业地基增强系统中，有国家测绘局、中国气象局、国家海洋局、交通部、中国地震局、中科院、北斗导航办公室等部门和机构。据不完全统计，我国有中央财政支持的各类基准站超过 3000 个，有测绘、气象、地震、地质等部门独立或联合建设的基准站约 2100 个。

商业地基增强系统主要包括航天部门主导的北斗/GNSS 广域增强系统、中国兵器集团与阿里巴巴联合建立的千寻位置服务网、合众思壮的"中国精度"以及南方测绘、中海达等建立的增强系统。千寻位置服务基于云计算和数据技术，构建位置服务云平台，向社会提供厘米级精准位置服务。

国外的增强系统主要是基于美国 GPS 建设的各类增强系统。美国 GPS 增强系统包括全国范围差分 GPS 系统（NDGPS）、持续运行参照站（CORS）、全球差分 GPS（GDGPS）、国际 GNSS 服务（IGS）。与美国的 GPS 增强系统相比，我国地基增强系统亟待解决多头建设、标准体系缺乏、尚未明确管理部门等问题。

2016 年，我国北斗地基增强系统工程正式建设完成。该工程依托中国第二代卫星导航系统重大专项，中国兵器工业集团公司负责系统的总体方案设计，在交通运输部、国土资源部、国家测绘地理信息局等有关部门的大力支持下开展项目实时和建设工作。北斗地基增强系统是第二代北斗卫星导航系统的重要组成部分，是实现北斗规模化应用的基础，为推进北斗高精度应用奠定了基础。在北斗地基增强系统覆盖的区域内，可以实现实时的米、分米、厘米级以及后处理毫米级服务，这对提升北斗系统的高精度服务质量，满足各类主体对北斗高精度应用需求，推进北斗规模化应用具有重要意义。

第二节　星基增强系统

星基增强系统是指通过采用地球静止轨道卫星中的增强信号转发元器件，向政府、行业和个人用户播发导航卫星的星历误差、卫星钟差、电离层延迟等各类修正信息和数据，从而实现对原有卫星导航系统定位精度的进一步改进。国外的星基增强系统包括美国的广域增强系统（WAAS）、俄罗斯的差分校正和监测系统（SDCM）、欧洲对地静止卫星导航重叠系统（EGNOS）、日本多功能传送卫星增强系统（MSAS）和印度 GPS 辅助净地轨道增强导航系统（GAGAN）等。

2016 年 5 月，我国首次承办了第 30 届 SBAS IWG。在会议中，我国代表团一方面作了北斗星基增强系统（BDSBAS）最新进展的报告，详细介绍北斗全球系统卫星发射及试验等情况，提供 ICD 及定义文件草案中有关北斗的技术内容；另一方面，我国代表还同美、俄、欧等代表就星基增强系统合作及 PRN 编号扩展及申请等进行了技术交流。随后在 2016 年 12 月，我国代表团参加在塞内加尔举办的第 31 届 SBAS IWG 上，与美国、欧盟、印度、日本等 SBAS 供应商代表签署了《双频多星座星基增强系统定义文件 2.0 版》及《星基增强系统 L5 双频多星座接口控制文件 1.3 版》等多份技术文件。通过此次会议，固化了 BDS 及 BDSBAS 前期在 DFMC SBAS 标准上的技术状态，进一步巩固了 BDSBAS 作为星基增强服务供应商的地位，增强了国际用户未来使用 BDSBAS 的信心。

第六章　卫星导航软件和运营服务

运营服务是指为用户提供入网注册服务、导航定位服务及基于位置的综合信息服务，是未来北斗导航产业发展的主要方向。从具体领域来看，运营服务可细分为位置服务、道路服务、测绘、农业、航空、航运、铁路、同步授时等8大领域，其中位置服务和道路交通服务是发展重点。

第一节　基础软件

导航基础软件主要包括高精度解算软件、导航软件、定位/差分/测向算法、多系统组合导航算法、系统引擎及处理软件等。依托科技部重大专项等支持，武汉大学、清华大学、中科院、中国电子科技集团等高等院校和科研院所开发了一批高精度解算软件产品。此外，超图等电子地图企业也是高精度解算软件的主要提供者。目前，国产高精度解算软件市场占比约为40%。在导航软件方面，占据市场规模较大的企业主要包括合众思壮、振芯科技、沈阳美行、瑞图万方、东纳、超图、航天恒星、北斗星通等。

表6-1　位置服务企业核心技术、产品及应用

序号	企业	核心技术	解决方案
1	沈阳美行科技有限公司	导航技术、地理信息数据处理技术、软件开发	车载娱乐系统、May Link、惯导系统方案、导航升级工具
2	北京四维图新科技股份有限公司	NDS标准格式编译技术	数字地图编译、NDS地图编译
3	深圳市凯立德科技股份有限公司	车载导航技术	定位监控平台、定位监控平台（运营商版）

续表

序号	企业	核心技术	解决方案
4	高德软件有限公司	电子地图测绘技术	出行类应用、智能硬件
5	广东东纳软件科技有限公司	导航及软件技术开发	智能导航、移动应用产品及位置服务
6	北京超图软件股份有限公司	GIS 平台软件的研发技术	智慧城市业务、智慧城市/数字城市
7	航天恒星科技有限公司	空间应用、卫星遥感、卫星导航、通信技术	公安遥感监测、应急通信系统、防灾减灾系统、遥感减灾应用
8	北京合众思壮科技股份有限公司	GNSS ASIC 芯片设计、"位置云"技术、PPP 精密单点定位算法	移动 GIS、测量测绘、公共安全、智能电力、精准农业、智能驾考、北斗 CORS、机械控制、中国精度、机场港口、航海航空
9	成都振芯科技股份有限公司	集成电路设计产业技术	高清网络摄像机、智能图像分析系统、智能安防管理系统、高清监控系列
10	北京北斗星通导航技术股份有限公司	卫星导航芯片技术	国防装备、船位监控、港口作业、精细农业、智能监测、气象监测

资料来源：赛迪智库整理，2017 年 2 月。

第二节　位置服务

基于卫星导航系统的位置服务（Location Based Services，LBS），也可以称为定位服务。LBS 是指将卫星导航系统、移动通信网络、互联网等多种技术融合，通过充分发挥位置信息服务的潜在价值，实现卫星导航信息和数据的增值。具体而言，LBS 是指通过各种定位技术对手机终端和各种智能硬件终端进行定位，对其位置信息进行解析，通过手机终端和移动智能终端的网络系统和通信系统，从而实现了基于位置信息的各类服务。LBS 融合了通信、导航等新一代信息技术，其组成系统的供应商包括手机终端、智能硬件、通信网络、服务与移动运营商。

截至目前，国内提供位置导航服务的企业包括百度、腾讯、千寻、四维图新、高德软件等企业。国外互联网企业主要包括谷歌、Facebook、Twitter和雅虎等。近年来，北斗导航位置服务产业规模稳步增长，2016年，位置服务的产业规模为93亿元左右，比2015年增长28%。未来位置服务市场主要表现为三个趋势：一是各类位置服务应用更加多元化；二是终端设备逐步普及化，迅速替代专业的导航终端；三是导航运营服务市场覆盖范围正从美国、欧洲、日本等向发展中国家扩展。

第三节　道路交通服务

我国道路交通服务的主要供应商分为整车厂商、互联网第三方IT企业和行业应用提供商。整车厂商包括上海通用（安吉星）、上汽集团。互联网第三方IT企业包括荣之联、腾讯、元征科技、百度。行业应用供应商包括千方科技、天泽信息、启明信息、捷顺科技、航天科技、北斗星通、合众思壮、海格通信等。国外道路交通服务的供应商则主要包括苹果、福特、谷歌等。2016年，我国北斗导航道路交通服务的产业规模为75亿元，比2015年增长29%。我国北斗导航道路交通服务的发展特点有：一是高精度化，卫星导航技术与移动互联网技术融合，逐步实现广域室内外高精度位置服务；二是部分关键技术取得突破。当前，我国已掌握车间自组网通信、城市智能交通技术、公共交通信息监测与服务等技术。

智慧交通服务是指将卫星导航系统应用在交通服务管理上。通过基于卫星导航定位服务，将车辆实施位置、运行轨迹在电子地图的准确记录，实现道路交通网络的车辆信息、交通路网拥挤程度等各种交通信息的实时显示，为终端用户和交通市政管理提供信息参考。智慧交通系统通过将卫星导航系统加入到各类城市交通管理信息系统中，可以实现对交通资源的优化。卫星导航系统还可以用于执行紧急任务的车辆定位、指挥、调度、救援和管理。

行 业 篇

第七章　公共安全

2016 年，北斗精准服务在提升警务能力、防震减灾、森林防火、应急通信等公共安全领域的应用逐渐向规模化、体系化推进。2017 年，随着室内外一体的北斗精准位置服务能力的提升，北斗精准服务在应急救援、大型活动安保、无人机缉毒侦查、无人机安防、大众服务等方面将有更广阔的应用空间。

第一节　应用现状

2016 年，北斗在公安领域的应用从局部化、典型化逐步向规模化、体系化铺开，北斗应用被列入公安部"十三五"规划，提出在"十三五"期间，国内警车的北斗定位功能配备率达 100% 的目标；具备卫星定位功能的手持设备配备率力争达到 80% 以上。新疆、西藏、云南等地重点开展北斗警用试点建设，为地区稳定提供了有力支持。宁夏、安徽、新疆等多个省区的公安系统均配置了加装北斗定位功能的警车、手持移动警务终端、北斗指挥机、北斗导航仪等警用设备，在应急通信保障、防恐、缉毒等方面大大增强了公安系统的应急通信能力、警力资源动态调配能力和打击犯罪分子的执法能力。公安部组织实施的基于北斗的公安授时服务体系建设，实现了部、省两级公安信息网的北斗统一授时。

防灾减灾和灾害救援方面，民政部主导建设的国家北斗综合减灾服务系统已实现全国 90% 以上灾害高风险区的覆盖。2016 年 5 月，首批"灾情直报型北斗减灾信息终端设备"在上海投入使用。作为我国国家级北斗区域综合应用示范项目之一的贵州北斗综合应用示范项目在 2016 年下半年投入使用，全省范围内建设 27 个地质灾害监测点并配置北斗应用终端 4000 台套。国家海事局也在 2016 年逐步推进了内河及沿海船只北斗应急示位标的普及和安装。

在森林防火方面，中国兵器集团研制出基于北斗的森林防火指挥车、森林监控与扑火系统等。民政部、国家减灾委规划建设的"北斗减灾信息系统"，防灾减灾人员在线量可达 50 万，单个终端估价按 2 万元计，则总体规模约 100 亿元。目前，在全国各地森林防火系统中，武警森林指挥部及所辖总队共配备北斗终端用户机有 500 余台。

应急通信方面，湖北、福建等省部分地市逐步完成北斗卫星通信终端站点的建设改造。边远地区如西双版纳等地的北斗应急通信系统已建成。在 2016 年 4 月云南怒江、贡山等地发生的山体滑坡、泥石流和塌方等自然灾害中，云南省气象部门运用北斗气象应急通信系统，确保了国家基本气象站整点观测数据及时上传。

第二节　应用前景

基于北斗的卫星导航在公安领域的应用前景将非常广阔。一方面，北斗模块与多功能、多样式警用装备相结合，基于北斗导航的警用终端小型化、低功耗趋势明显，警员配置率将大大提高。另一方面，室内外一体的北斗精准位置服务作为北斗产业发展的新风口，在应急救援、大型活动安保、无人机缉毒侦查、无人机安防、大众服务等方面都有更广阔的应用空间。以大众服务为例，人们约花费 87% 的时间在室内，而 74% 的智能手机用户有根据当前位置获取导航信息的需求，2017 年，我国采用室内定位技术的智能手机数量可达 5 亿之多。

第八章 气象与测绘

2016 年，北斗在气象与测绘领域的应用进一步扩大。短报文通信服务已成为气象水文监测领域的常态应用。北斗定位在城市测量中的作用逐步显现。2017 年，北斗精准服务将在减灾防灾、城市建设决策和工程安全发挥重要应用。

第一节 应用现状

气象领域是最早应用北斗系统的重要应用领域之一。北斗短信服务应用于气象水文监测已成为常态。目前，我国在北斗探空、北斗反射信号探测、北斗预警发布和北斗水汽电离层系统建设等方面不断涌现新应用。北斗卫星定位测速功能直接用于北斗探空系统的高精度测风定位，并利用北斗短报文通信功能对移动应急和特殊环境下温度、气压、风向、风速等气象数据进行传输。2016 年 8 月，强台风"妮妲"过境深圳时，即利用北斗导航卫星反射信号接收机实时探测到台风经过时的海风、海浪、海面高度等多种海洋物理参数，对于台风观测与路径预警起到关键作用。目前，我国高空探测系统已全面采用北斗探空系统，每年消耗北斗探空芯片近 20 万片。而且，全国 1000 多个水文测站和成都、西安等多地无人值守气象站使用北斗卫星系统的精确授时功能保证整个测报系统的时钟同步，并利用短报文传输气象水文等情报。

北斗多星定位在城市测量中更有优势。北斗卫星导航系统平面位置精度通常为 100 米，高程控制精度为 10 米，完全可以满足土地利用状况调查及动态监测的精度要求。2016 年，基于北斗导航的测量终端和测绘指挥终端产品不断推出，"北斗 + 遥感"模式应用于土地监测中，利用遥感技术进行土地资源各种复杂变更情况的动态监测，真正实现了土地资源动态监测的实时性、客观性、数值化。福建省泉州市燃气公司运用北斗定位测量功能，对地下铺设的燃气管线进行实地坐标测量，并绘制出管网分布图。

第二节　应用前景

基于北斗系统的地质灾害监测将为未来减灾防灾发挥重要应用。有数据显示，我国有 70 余座城市近 500 个县市曾遭受到滑坡等地质灾害，每年造成经济损失达 20 亿元左右。基于北斗精准定位功能的滑坡监测与早期预报系统，则可以最大限度地减少和防止滑坡所造成的经济损失和人员伤害。此外，基于北斗系统的采空区沉降、尾矿库、水库大坝、矿山高边坡、桥梁、深基坑边坡监测等，将为工程安全和科学决策提供更多重要数据支撑。基于北斗系统的气象监测还可开展大气水汽层析监测，对今后数值预报和天气分析具有很好的应用潜力。

建筑物变形监测可能成为北斗测绘应用的一大亮点，如超高层建筑物、地震断裂带地区的建筑物、沉降区域建筑物、建筑基坑施工等的变形监测。在我国，需要进行安全性变形监测的建筑物数量巨大。随着城市超高建筑的不断增多，对超高建筑可能由于强风、地面沉降及地震灾害而造成的损害需及时监测与维护。我国以占世界 7% 国土承受全球 33% 的大陆强震，是大陆强震最多的国家之一。近几年，全国各大城市地面沉降事故频发，长江三角洲、华北平原等区域的地面沉降现象尤为严重。建筑物变形监测关系到居民的生命财产安全，在全国范围内大规模推进建筑物安全变形监测不仅是利国利民的事，也是大势所趋。

第九章　海洋渔业

北斗渔业应用是北斗特色应用的重要方向之一。海事、海监部门等利用北斗系统构建了渔政、渔企、渔船的多级联动手段，并将北斗渔业数据纳入了国防动员体系。仅我国东海地区，北斗在海洋渔业方面就拥有上万的用户。2016 年，北斗终端和北斗应用平台已为我国渔民作业、渔政监管提供多项精准服务。2017 年，基于北斗的海天地一体化海洋渔业服务网络将为渔民带来更多的商机与生活的便利。

第一节　应用现状

在北斗终端应用方面，目前，我国渤海、黄海、东海、南海等海域有 10 万多条渔船上安装了北斗终端，有力保障了广大渔民的海上作业安全。渔民利用北斗终端提供的快速位置报告和短报文功能，不但大大解决了渔民海上通信需要，同时为沿海岛礁信息传输提供了良好的传递手段，近年来逐渐受到政府部门、渔政部门以及渔民的广泛欢迎。2016 年，北斗渔业应用在渔民继续使用、更新设备的同时，主要是在监管方面发挥重要作用，如监督休渔、渔政监管、打击非法捕捞、渔船搜救等。基于北斗的海洋渔船动态监管系统，可以快速准确定位渔船及其行船轨迹，并可以通过平台向海上渔船发送短信。仅据温州海洋渔业局统计，2016 年 1—10 月，共接警次数为 146 次，其中有效报警 42 次，实际参与救助 50 次，共救起遇险渔民 111 人，救起渔船 27 艘。此外，农业部也将北斗船载终端纳入国家农机补贴范围。

在平台应用方面，基于"北斗 + 互联网 + 电商平台 + 水产"的四位一体平台，不但可以使渔民及时了解渔场资源和销售行情，发布渔产品供货信息，还可以让买卖双方即时获取渔船在海上的捕捞信息，使海鲜买卖在海上就能洽谈交易。2016 年，安装在舟山渔船上的"海洋区域互联网＋国防"系统，真正让渔民体会了"渔船远在公海，船上的鱼已被销售一空"的情景。

第二节　应用前景

2017 年，随着北斗覆盖海域的不断扩大，北斗系统将为海洋渔业提供更高精度的导航定位服务。例如，构建覆盖近海、中远海以及远洋的海天地一体化的北斗卫星海洋渔业综合服务网络将为渔民带来更多的商机与生活的便利。基于北斗的海洋智能探鱼浮标，通过声呐超声波探鱼器和海洋环境检测传感器，对海洋渔情、水温等要素进行收集分析，从而找出渔情数据的规律性，为渔业捕捞人员提供鱼汛情况。北斗卫星导航系统不但可以用于传统近岸渔业服务，对于远洋渔业发展中运输航道的定位、远洋船只追踪与监控、船岸通信等都展现了更广阔的应用前景。

第十章　智慧城市

以水、电、气、热等关系民生的城市生命线基础保障服务对精准服务的需求尤为迫切。2016 年，我国已有 25 省（区、市）317 座城市基于国家北斗精准服务网开展各种行业应用。随着海绵城市建设以及无人驾驶技术的研究与应用，北斗精准服务将迎来爆炸性增长。

第一节　应用现状

自 2016 年 6 月国家北斗精准服务网开通运营以来，已为 25 省（区、市）317 座城市的各种行业应用提供了北斗精准服务。中国国家北斗精准服务网从最早为城市燃气行业建设、运行、作业的全产业链提供精准位置服务，逐步延伸到供水排水、城镇供热、智慧物流等领域，为城市建设、日常维护、应急抢修等提供了更多精准位置服务。

北京燃气集团开创了"北斗 + 燃气应用"的先河，将北斗精准服务应用于数字化管道、防腐层探测、管网泄漏检测、应急救援等各个环节，深圳、西安、南京、烟台等地市的"北斗 + 燃气"应用也逐渐展开。北京排水集团在城市排水行业率先利用北斗精准服务，自 2016 年已陆续在全市百余个检查井、雨水箅等重要抢险抽排设施实施了精准定位服务，为北斗在城市排水行业开展规模化应用打下了坚实基础。北京环卫系统在本市超过一半的环卫作业车辆上安装了北斗导航设备，实现了对除雪铲冰车、扫地车、洒水车等环卫车辆的实时定位与调度监控。

江苏省自 2015 年到 2016 年在全省各地市车管部门推广北斗差分定位驾考与驾培应用示范，通过高精度定位数据获取，对考试过程进行实时评价，实现了考试自动化要求，目前安装量约 500 台套。上海北斗空间信息化平台应用在停车、窨井盖等多个领域，提供准确感应和定位信息。中国兵器集团与阿里巴巴合资的千寻位置网络有限公司，拟通过构建位置服务云开放平台及北斗智能产品检测，规范北斗终端行业的发展。

物流方面，北斗在京东物流上率先应用，1500辆京东物流车和一万个京东配送员配备了北斗智能终端设备。截至2016年底，有超过万家的传统商贸企业和物流公司享受到了北斗导航技术带来的电商物流体验。

第二节 应用前景

我国智慧城市、海绵城市的建设速度日益加快，城市公用事业和市政市容管理等城市基础设施领域的精准服务需求已出现爆炸性增长。2016年8月，国家发改委、工信部、住建部、公安部等联合发布了关于《促进智慧城市健康发展的指导意见》，随之国家智慧城市建设逐步推开。北斗精准导航服务正不断应用于城市建设，如高层建筑监测、地面沉降测量、城市地图修测等，对建筑沉降、位移、倾斜、材料耐久性、微环境等进行连续动态监测，可有效避免房屋倾倒、桥梁坍塌等事故，大幅度提高城市建设安全。数据显示，国内供热、供水、排水和燃气这4类市政基础设施地下管线长度已超过172万公里，并且目前仍以每年10万公里的速度递增。预计"十三五"期间，全国燃气行业的北斗精准服务市场总规模将超过每年50亿元，主要集中在北斗定位设备、定位服务、应用解决方案和相关信息化服务等。而城市地下管网相关的精准服务市场规模将在2017年超过150亿元。

无人驾驶时代的逐步到来，使北斗精准服务成为智慧交通不可或缺的基础性服务之一。随着北斗地基增强系统逐步投入应用，北斗精准服务与车联网领域进一步结合，将越来越多地应用于车道级导航、智能停车、特种车辆精准监控等方面，在观光旅游、无人送货、安保巡逻、机场摆渡、园区代步、环卫清扫、农机耕种等多种场景中广泛应用，其中智慧停车应用的市场初期价值至少在百亿量级。

其他北斗应用方面，基于北斗的物流行业带来的间接经济效益可达200亿元。共享单车这种绿色出行模式在2016年主要大城市的市级投放量已经达到 10 万辆级，为 2017 年北斗模块的装配应用提供了很大的市场空间。基于北斗的智能印章于 2016 年在广东、江苏两省开展试点工作，将会在 2017 年对北斗应用产生较大的拉动作用。

第十一章　电力、能源

2016 年，电力能源领域的北斗精准服务在电力运营、风电、光伏等的应用进一步深化，大大提升了电力运营管理的科学化和智能化水平。2017 年，国家各级电网授时系统北斗化改造工作的逐步落实，将让我们看到更多基于北斗的智能电网应用。

第一节　应用现状

国家北斗精准服务网在电力行业的应用进一步深化，利用北斗精准定位、授时、短报文等功能为电力行业提供信息采集、应急指挥、勘察设计、整网授时等各项北斗精准服务，有力提高了电力运营的科学化和智能化。北斗卫星系统于 2016 年首次在河北秦皇岛九条供电线路上试运行，在用北斗终端100 套，实现了配电网故障远程监控等功能，有效解决了自然灾害导致公网通信瘫痪等难题。基于北斗短报文的电力用户集抄通信功能也已在四川、重庆、浙江、河北、青海等省市成功应用。

风电产业既是技术密集型产业，也是资本密集型产业。大力发展风力发电已成为中国新能源战略的发展重点。甘肃、内蒙古等省、自治区的电力系统在风电场加装北斗卫星时钟对时装置，利用北斗的同步精密授时功能对风场进行精准定位；并利用北斗通信功能将前端感知的温度、风速、转速、压力、电量、振动、测风塔位置等风场要素信息及时汇入风场数据平台，从而实现了全部设备智能化综合管理和无人值守。

2016 年 7 月，全国首个北斗光伏电站示范项目——中国北斗太阳能光伏电站重点项目开始启动，重点发展基于北斗卫星通信的"宇宙太阳能发电、北斗微波输电"技术。北斗对电力行业的支持进一步拓宽。

第二节　应用前景

　　国家发改委、国家能源局发布的《关于促进智能电网发展的指导意见》提出，到 2020 年，初步建成安全可靠、开放兼容、双向互动、高效经济、清洁环保的智能电网体系。2017 年，国家各级电网授时系统北斗化改造工作将成为重点，重要油路、电网巡检的应急通信与位置服务保障应用将逐步展开。电力设备设施的亚米级测绘、电力传输设备短报文方式的动态监测、全网电力设备的同步授时、全程精确定位的巡检/抢修，均构成未来"北斗 + 电网"的应用场景。

第十二章　智慧旅游

2016 年，基于北斗的精准定位服务开始走向旅游市场。北斗智慧景区平台、北斗定位项圈等北斗移动终端为景区、野生动物定位提供了准确依据。2017 年，北斗智慧旅游手持终端将更加多样化、国际化。

第一节　应用现状

2016 年，基于北斗的精准定位服务逐渐走向旅游市场。中国电子科技集团第 54 研究所提出我国首个基于卫星导航的智慧景区位置服务系统，并选取九寨沟景区作为首个应用景点示范。该系统充分利用北斗导航、物联网、云计算等新技术和便携终端设备，实现了人、车、基础设施之间的无缝连接、智能自感知和信息推送。四川青城山、黄龙等 10 个景区陆续应用了自由星北斗终端，景区内亚米级位置导航服务极大地方便了游客寻找休息区或出口。2017 年新年伊始，北京圆明园景区即引入北斗技术，推出基于北斗精准定位技术的"北斗智游星"系统，为游客提供旅游位置、导览、一键寻人等服务。

除了给游客提供各种智能服务，北斗定位还应用于野生动物保护。由中国航天科技集团公司九院 772 所研制的北斗卫星定位项圈，让人类对野生动物的寻找不再发愁。佩戴在青海藏羚羊、四川大熊猫颈部的北斗定位项圈，使人类对野生动物的迁徙追踪成为可能。对野生动物的定位追踪功能还可能逐步扩展应用到生态畜牧、旅游探险等领域。

第二节　应用前景

　　随着自驾游、个人游的不断兴起，大众化、个性化的自助出游方式渐渐成为主流。旅游主管部门、景区和游客都迫切需要通过便携、智能、可移动的"智慧旅游"综合信息系统作为纽带，旅游调度系统可根据需要测算游客与景区设施之间的距离、游客数量和位置移动的动态变化等，以保障景区设施安全、自然环境安全、提高景区管理水平和效率。北斗智慧旅游终端系统可为游客提供景区智能讲解管理服务和景区信息实时发送服务功能。未来，随着旅游人数的增多，还可利用智慧旅游系统提供景区游客密度分布、游客密度预警等服务，提高游客旅游舒适度。

　　北斗智慧旅游手持终端还可以延展到海关领域。在各航空口岸设置"北斗电子导游"手持终端，帮助游客迅速了解当地攻略，免去语言不通、担心"黑导游"等障碍。北斗与旅游业的结合还可以走出国门，将北斗智慧游的模式复制到泰国、马来西亚、阿联酋、印尼等热门国际旅游地。

区域篇

第十三章　环渤海区域

环渤海地区包括北京、天津、河北等省市，是我国重要的工业基地，同时也是我国国内重要的卫星导航芯片研发、终端设计和制造、地理信息数据基地。这一地区政策优势明显，环节齐备，配套能力强，是国内重要的卫星芯片研发、终端设计制造、地理信息数据采集加工基地。环渤海地区充分利用专业人才、研究单位和相关企业集中的优势，开始形成以引进技术设备、重大装备制造为主的产业格局。

第一节　整体发展态势

环渤海地区积极布局，大力发展北斗卫星导航产业。2016 年，北京市、天津市、河北省三地在北京签署《京津冀信息化协同发展合作协议》。本协议的签署将使三地北斗导航与位置服务产业在应用领域、市场和资源优势得以更大融合与发挥，促进三方优势互补、资源共享。京津冀三地通过联合可大大推进三地基于北斗导航的位置服务公共平台的建设，共同打造京津冀北斗导航位置服务运营平台，最终实现平台互通，协同发展，为更好地共同推进京津冀北斗卫星导航区域应用示范项目建设打下坚实的基础。通过三方持续的创新增值业务服务，可不断提升示范项目社会化应用和商业化运营水平，持续扩大服务范围，共同推动京津冀北斗导航与位置服务产业的快速发展。2017 年 4 月，北京、天津、河北三地联合发布《京津冀协同推进北斗导航与位置服务产业发展行动方案（2017—2020 年）》，让北斗产业成为京津冀协同发展战略实施的切入点和先行手段，提出到 2020 年，实现北斗导航与位置服务产业总体产值超过 1200 亿元，使京津冀地区成为国内最具影响力的北斗导航与位置服务产业聚集区和科技创新制高点。2016 年，环渤海地区卫星导航与位置服务产业的产值达 353 亿元，同比增长 28%，全国占比约为 16%。

第二节　重点省市

一、北京

（一）北斗导航产业继续领跑全国

在北斗导航产业布局，北京作为环渤海地区产业群中心城市，着力构造以重大装备制造、引进技术设备为主的卫星导航产业发展格局，由于各项产业基础坚实，北斗卫星导航方面发展迅速，累计完成 4.4 万台北斗终端的安装应用，北斗导航应用水平处于全国前列。北京拥有国内主要从事北斗卫星导航的航天领域人才、研究单位和企业，并因此形成了在全国范围内最为完善的北斗卫星导航产业链。

（二）北斗导航企业规模不断扩大

北京市汇聚了国内一大批优秀的北斗导航企业。如北京盈想东方科技发展有限公司、北斗天汇（北京）科技有限公司、国智恒北斗科技集团股份有限公司、北京星桥恒远导航科技股份有限公司、北斗车联网科技（北京）股份有限公司、北京耐威科技股份有限公司、北京星地恒通信息科技有限公司、北京神州天鸿科技科技有限公司、和芯星通科技（北京）有限公司等，这些企业几乎覆盖了整个北斗产业链。

中国卫星导航定位协会发起的"百企 xún 道"主题活动，其核心是加快推进北斗落地应用的 4 种方法——寻智慧城市之道、巡精准应用之道、询科技创新之道、循跨界融合之道，大力服务于"一带一路"，推动国际产能合作。迄今已组织建成了由 2200 多个站组成的全国卫星导航定位基准网站，并在此基础上完成 1000 多个站点的北斗系统改造，可为用户提供全国范围米级、分米级以及区域范围厘米级实时导航定位服务。北京卫星导航企业在政策中寻重点、政府中询项目、产业中巡合作、项目中循共赢，进而充分集约和利用多种资源、渠道，强化优势互补，带动整个产业链抱团"走出去"。

（三）大力推行北斗应用示范项目

北京市多种方式推行北斗应用示范项目，"基于北斗应急报灾系统"融合了北斗短报文、移动互联通信、地理信息平台的综合优势，让老百姓参与到政府灾害防治工作中，发挥调动基层能量。一旦洪涝、冰雪、地震等重大突发自然灾害发生时，电信、供电系统出现中断，灾情信息员可以第一时间借助这套系统来进行灾情上报、应急求救，指挥系统则可根据灾情汇集情况进行数据核算、救助部署、应急处置、预警响应等有效防灾措施。截至 2016 年 12 月 27 日，北京市海淀区、怀柔区、密云区、通州区、大兴区、顺义区已完成部署培训工作，共配发 1200 套北斗报灾终端，且已实际应用。部署全面完成后，该北斗报灾系统将覆盖北京下辖的所有 16 个市辖区及各市辖区总共 320 个乡镇级行政单位。

此外，还推行了"基于北斗应急报灾系统"，即利用北斗 RDSS 短报文通信链路，做到全天候的信息传输的补充通道，特别针对重大灾害发生时，现有移动/固定网络中断或拥塞的情况下，北斗通信可以有效保证灾情信息无阻传递。而利用北斗系统上报的灾情信息都携带精准的定位信息；并且，北斗卫星提供的卫星上行容量足够支撑突发情况下短报文的传输通道，确保信息畅通；同时，利用定制化的表单和标准化信息采集模板，解决灾情、位置、时间的一体化上报，便于灾情信息统计分析。

二、天津

（一）北斗产业不断发展壮大

2016 年，中国卫星导航定位协会与武清商务区签署战略合作协议，国家战略性科技产业"北斗新兴战略产业园"落户武清商务区。中国卫星导航定位协会计划在武清商务区建设占地 375 亩的"北斗新兴战略产业园"，重点发展卫星导航、授时、通信等导航系统高新技术产业，吸引一批应用终端机元器件制造、核心芯片研发、应用软件开发及北斗卫星应用配套的相关产业，带动形成上下游产业链，打造产学研一体化的高科技园区。

（二）不断完善促进北斗发展的政策

天津市还出台了《天津市北斗卫星导航定位地面增强系统建设方案》，不断完善北斗产业方面的相关政策，推动北斗产业发展。天津市北斗卫星导航定位地面增强系统采用三频定位技术，具有系统初始化时间快，稳定性高、快速实现高精度定位三大优势，建成后的北斗卫星导航定位地面增强系统将覆盖天津全市域，并兼容其他卫星导航系统，为用户提供优于米级的导航位置服务和厘米级精密定位服务。通过在公安消防、政务资源信息共享、测绘、交通运输、航道管理和城市管理等行业的示范应用，加快推动天津市卫星导航应用技术创新及产业化研发，夯实天津市卫星导航产业发展基础，对提升天津市北斗卫星导航战略新兴产业竞争力，促进天津乃至全国卫星导航产业化的快速发展具有十分重要的意义。

（三）持续推进北斗系统的海事运用

天津市充分利用自己在港口海航方面的天然优势，通过北斗海事监测系统，加快推动天津在北斗行业的应用技术创新，提升天津在北斗导航产业方面的竞争力。

2016年，天津已经建立一个全球导引和调度指挥中心，主要负责协调全世界北斗用户的需求，将该系统嵌入各国的民用装备和手机，以便及时报告使用情况，在海外用户遇险时进行有效救援。天津的"海北斗"指挥中心将与"海新社"等五个指挥中心联动，实现海联会的联合指挥。

海联会在天津成立"指挥基地"——天津"海基地"，联合"海卫队"在内建立五大指挥中心，实施全球统一指挥，统一调度。五大指挥中心包括：海新社——基于新华社资源的网络监测；海北斗——基于北斗技术的全球导航；海飞手——境外无人机巡视航拍大队；海卫队——境外陆上和海上持枪安保；海骑兵——境外快速突击和空中救援。而其中，利用"海北斗"将实现"无人机""轻型飞机""地面安保"等一体化联合指挥。

"海北斗"系统将为中国在海外的企业提供实时导航，保证海外的陆路运输和海上运输、旅行的高效；实时定位，为企业在海外项目考察中，提供定位、测量等帮助；结合其他功能提供海外无人机操控，实时监控"一带一路"有关地区的活动。

三、河北

（一）推进卫星导航产业快速发展

河北省将北斗导航发展重点放在行业应用方面，在平安校园、智慧养老、车辆监控、精准农业、智慧旅游、司法矫正等多个行业领域发力。依托中电科卫星导航运营服务公司等位置服务平台，加快市政设施管理、大型商场人员位置服务、景区搜救等方面的应用试点建设，逐步建成综合、统一的位置服务平台体系，形成城市位置服务整体解决方案。同时开展交通运输方面，重点推进货运车辆、重点桥梁状态监测等方面的应用；农林水利方面，重点推进海洋渔业、精准农业、森林资源监测、森林防火、水文监测、防灾预警、水土保持监控、水利综合利用等方面的应用；环保气象方面，重点推进大气和水流质量监测、污染源治理、地质灾害监测、气象观测等方面的应用；文化旅游方面，重点推进野外文物监管、大型景区管理及散客自助游等方面的应用。推进卫星导航地面增强网络多模兼容改造，完善基础地理信息数据，加强电子地图建设，为高精度位置服务提供基础数据。

（二）以 54 所为核心，发展北斗导航企业集群

中国电子科技集团第 54 所是国内最早从事北斗卫星导航终端和终端测试系统研制的企业之一，也是目前我国北斗卫星导航领域的几个骨干单位之一，曾承担了"北斗一代""北斗二代"建设中的大量任务。54 所在北斗系统信号体制、地面控制系统、测试系统、天线、用户机、基带芯片等方面积累了技术。因此，河北在发展北斗导航产业方面，具有与发展其他新兴产业相比所无法比拟的先天优势。以 54 所为龙头，石家庄市鹿泉区已经聚集了如河北建智北斗电子科技有限公司、河北亿海北斗卫星导航技术开发有限公司、河北北斗程讯科技有限公司、河北昊联网络科技有限公司等十几家北斗导航企业集群。这些企业和 54 所一起，覆盖了平安校园、智慧养老、车辆监控、精准农业、智慧旅游等多个领域。鹿泉区的统计则显示，2016 年，卫星导航产业各项指标的增速均在 13% 以上。

（三）加快卫星导航示范应用建设

北斗海量位置数据云计算项目（简称"北斗位置云"）是落地石家庄的

国内最大的位置数据云项目，可为上亿辆车提供位置数据服务。

北斗海量位置数据云计算项目，是综合利用互联网技术、计算机海量运算技术、地理信息技术、卫星定位技术和数据库技术等，建设海量位置数据运算中心，对位置数据集中进行存储、分发、解析和运算。同时，也是目前国内最大的北斗海量位置数据云计算项目，填补了国内空白。通过项目的手机 APP 和电脑客户端，用户可以随时记录、查询目标的实时位置、历史轨迹，可用于监控、监护，也可以当作自己的出行日记。位置信息集成商主要负责将定位信息、地图信息和位置关联信息进行综合集成处理，形成由全信息构成的全息导航地图，并发布给各类用户。而通过位置云平台，企业可以实现对车辆实时行驶数据、历史数据、驾驶员操作习惯、行车安全和监控等的全方位管理，既有效降低运营成本，又提升了企业的信息化水平。更重要的是，"北斗位置云"还是一种全新的位置资源管理模式，可以避免使用单位重复投资建设，具有"一次投资，众家受益"的鲜明特点，具有很高价值。

未来几年，国内最大、最专业的"北斗位置云"数据中心有望在河北建成。届时，网络容量日处理位置数据将达到 100 亿条，可为中国 1 亿车辆、10 亿手机用户和近 10 亿互联网注册用户提供专业、精准、科学的位置信息服务。

第十四章　长三角区域

长三角地区包括上海、江苏和浙江等省市，电子工业基础扎实，人才资金齐备，市场资源优势明显，科研实力强劲，产业链覆盖较全，是国内主要的北斗导航产业研发、生产和应用地区，在芯片制造、天线制造等重点环节布局北斗导航产业发展，在高精度接收机研发、汽车应用生产和集成应用等方面具有一定优势，尤其在运营服务环节优势突出。长三角地区是我国互联网技术发展比较早的地区，具有良好的互联网企业基础，各省市通过需求牵引、政府引导、平台建设等多项手段，不断创新"北斗＋互联网"的新模式，探索北斗导航与位置信息在更多领域的运用。

第一节　整体发展态势

2016 年，长三角卫星导航应用示范工程全面通过验收，已打造形成以北斗导航与位置服务重点实验室、北斗产品检测认证中心、北斗产业技术创新西虹桥基地为代表的北斗产业发展公共基础平台，集中研发了重点车辆监管、大众位置服务、社区矫正监管、智能公交和航运、高精度定位服务、Wi－Fi 室内定位等六大应用系统，超额完成北斗应用终端部署，取得了良好的示范效应和显著的经济社会效益，有力地推动了长三角地区在北斗卫星导航技术研发、技术应用、产业集聚与服务等多个方面的发展。2016 年长三角地区卫星导航产业的产值达 188 亿元，同比增长 16%，全国占比约为 8.5%。

第二节　重点省市

一、上海

（一）北斗产业布局基本完成

2016 年，上海市北斗产业呈现高速发展的态势，总产值以每年 20%—30% 的速度进行增长。北斗导航是上海建设全球影响力科创中心的 14 个重大战略项目之一。目前，上海北斗卫星导航领域发展已进入新的发展阶段，正迈向与大数据、物联网、云计算、人工智能、增强现实等新兴产业的跨界融合，在智慧城市、健康、智能交通、智能制造等领域孕育新的产业集群。上海已初步建成重点车辆监控、大众位置服务、社区矫正监管、智能公交应用、高精度位置服务、Wi–Fi 室内定位等六大应用系统，以及重点实验室、产业技术创新基地、产品质量监督检验中心等三大公共平台。

（二）出台政策助推北斗产业发展

2016 年 4 月，国务院批复印发了《上海系统推进全面创新改革试验加快建设具有全球影响力的科技创新中心方案》，授权上海围绕政府管理、激励分配、成果转化等重点领域试点 10 项 20 条改革措施，重点推进北斗导航、高端处理器芯片、集成电路芯片制造及配套装备材料的发展，加快建设成为具有全球影响力的科技创新中心。

同时，2016 年 11 月，上海市人民政府印发的《关于全面建设杨浦国家大众创业万众创新示范基地的实施意见》还指出，要加快建设北斗位置示范服务平台，满足各领域对精准位置服务的要求，以此来支撑北斗产业的发展。

（三）北斗企业规模逐年扩大

上海市北斗企业聚焦北斗核心技术，企业实力稳步提升，华测导航研制出了国内第一块拥有自主知识产权的测量型 GNSS OEM 主板，上海司南卫星导航技术股份有限公司成功研制出国内第一款北斗高精度多频多模 GNSS 主板并实现产业化应用；复控华龙微系统公司开发的北斗多模多频基带芯片继续保持全国专用芯片市场占有率第一；上海北伽导航开发的"航芯一号"，让国产北斗导航芯片的体积更小、功耗更低，更具全球竞争力；海矽睿科技公司推出中国首创的单芯片三轴陀螺仪、加速度以及磁传感器芯片；华东师范大学空间信息与定位导航工程研究中心提出的导航信号接收新算法，达到了国际先进水平。产品覆盖了北斗应用的各个领域，应用规模逐年扩大，有力支撑了上海市北斗行业发展。

（四）开展北斗高科技应用示范工程建设

2016 年，上海市研究推进高光谱卫星应用示范建设，对接北斗卫星应用平台。高光谱遥感技术作为前沿科技，具有较大的应用价值和发展空间，推动其产业化建设和商业化应用是重要趋势和方向之一。SPARK 卫星采用高光谱成像技术，将成像技术与光谱探测技术结合，除了大小、形状等图像信息，还能反映代表物体内部化学成分、物理结构的光谱信息。整星重量仅为 43 千克，利用星上装载的宽幅高光谱成像仪对地球表面进行推扫成像，获得地面景物的高光谱图像。上海市加强高光谱卫星与北斗的卫星大数据建设，形成数据获取、分析处理和综合运用能力，推动上海市时空信息体系建设。

二、江苏

（一）江苏北斗产业快速发展

江苏省产业技术基础雄厚，信息消费供给能力强，电子信息产品制造业和物联网产业发展国内领先，在发展北斗方面有天然的优势。2016 年，江苏省导航核心芯片和设备的研发取得明显进展。同时北斗产业逐步向服务化、网络化、平台化转型，北斗系统在交通、通信、广电、水利、电力、公安、测绘、旅游等重点领域都得到了广泛的应用，初步形成了完整的产业链，成为长三角北斗产业的重要组成部分。

（二）出台政策助推北斗产业发展

2016 年，江苏省印发了《江苏省人民政府关于推进智慧江苏建设的实施意见》《智慧江苏建设行动方案》，提出了要积极推动北斗卫星定位，北斗导航设备与系统发展，同时积极开展基于北斗系统的应用软件及信息服务，推广北斗导航技术在智能交通、工业和公共安全等领域的应用成果和产品。也提出了要加强北斗技术与互联网技术、大数据技术和用户终端信息的融合发展，使各个行业信息互通，增加行业之间的交流。

（二）产业基地的集聚效应初见成效

江苏省南京市北斗产业基地集聚了卫星领域相关企业 100 多家，如北斗星通汽车电子有限公司，南京多伦科技股份有限公司和江苏博纳雨田通信电子有限公司。其中，维罡电子设备公司的高空探测仪可以在 3 万多米高空，实时接收不断变化的温度、湿度、气压等各种探测数据，弥补国内市场空白。江苏艾倍科科技有限公司是新三板首家北斗企业，其生产的"北斗天使"儿童定位手表，销售超过 2 万只。南京北斗星通信息服务有限公司主要从事北斗的行业应用，涉及海洋渔业、水利、电力等领域。江苏省还在不断引进北斗产业链上下游的企业，以完善北斗全产业链建设，推动江苏省北斗企业实力进一步提升。

（三）大力推行北斗应用示范工程

2016 年 3 月，国家发改委在扬州江苏油田基地组织国家验收委员会对"江苏油田勘探开发生产卫星技术综合应用示范项目"进行了验收。

江苏油田自主开发了油田勘探开发生产卫星技术综合应用平台软件系统，建成了 1 个一级中心平台、5 个二级分中心平台、1 套便携式卫星通信系统，研制了 6 大类野外卫星多模终端，并在江苏油田开展了 7 大类示范应用；平台实现了北斗油井工况监控、管网风险分析、油田生产应急指挥、油田遥感专题信息提取、油气勘查开采监测、油田生产数据传输监控、北斗授时服务和系统管理等，完成了江苏油田 2000 平方公里国产遥感数据解译与专题信息提取，研发的北斗终端水平定位精度优于 10 米，集成的卫星通信系统具备 2Mbps 双向数据传输能力。江苏油田是我国石油勘探开发领域唯一的北斗卫星技术示范应用单位。

三、浙江

（一） 推进卫星导航产业快速发展

2016 年，浙江的北斗应用产业，从芯片、天线、模块、终端等的信息产业硬件制造，到大数据、云计算等信息产业软件应用领域，已经形成了比较完整的产业链。浙江省北斗各领域相关的企业有 1800 余家。同时以智慧城市建设为切入点，加快推进北斗产业发展。并提出要打造北斗完整产业链，导航系统、芯片、遥感应用、电子地图以及数字城市平台建设等，形成涵盖装备制造、软件研发、系统集成和信息获取、处理、应用、服务的完整产业链，打造北斗卫星导航产业大省。

（二） "十三五" 期间北斗瞄准新高度

2016 年，浙江省出台《浙江省物联网产业 "十三五" 发展规划》。提出了以杭州为核心，宁波、温州、嘉兴为三个区的发展格局，积极推进北斗卫星和高分辨率遥感、遥测信息在浙江的综合应用。加快北斗芯片及其应用终端的研制，开展北斗应用服务试点，形成北斗卫星导航产业链。同时开展北斗应用与物联网技术的融合，在 "工业智能制造、健康养老服务、智慧交通物流" 等三个产业服务领域进行探索创新，推进协调联动机制，全力推进北斗与物联网产业实现科学发展、跨越发展。

（三） 企业不断拓展北斗应用领域

浙江省是我国互联网开展较早的地区，有很多实力雄厚的互联网企业已经涉足了北斗产业。由阿里巴巴集团出资 10 亿元成立的千寻位置公司，发布亚米级高精度位置服务产品——千寻跬步，在全国范围提供亚米精度的实时动态定位导航服务。嘉兴佳利电子有限公司主要做北斗卫星车载导航的天线、模块等基础核心部件的制造，在全国处于领先水平。杭州中导科技开发有限公司也在不断创新北斗车载终端设备，目前已经在交通运输领域得到了一些应用。

第十五章　珠三角区域

以广州、深圳、中山为代表的珠三角地区，依托区位、资金、市场机制等优势，形成了以引进、组装、制造卫星导航终端产品为主的产业格局，是国内最主要的卫星导航接收终端设备生产集散地，北斗导航产业化推进和应用在全国处于先进行列。

第一节　整体发展态势

珠三角地区卫星导航产业经过十多年的发展，已形成明显的产业集聚效应，全国60%以上的民用车载卫星导航仪都出自珠三角，是终端集成和系统集成环节的最主要区域。同时，珠三角卫星导航相关企业数量全国第一，是国内 GNSS 产业配套能力最强、应用市场最成熟的地区。在北斗导航产业发展方面，珠三角地区广泛开展国家卫星导航应用示范系统工程，推广北斗产业发展，在测绘、航运、物流、机械控制等重点行业和关键领域全面应用北斗导航技术，并努力实现广东省卫星导航企业完成向北斗或以北斗为主导的双模格局转型的发展目标。此外，珠三角地区北斗概念上市公司也有好几家，如中海达、海格通信、深赛格、同洲电子等，是北京以外上市公司最多的地区，获得重大专项支持的非上市公司南方测绘也在广州。2016年，珠三角地区卫星导航产业的产值约500亿元，同比增长23%，全国占比约为23%。

第二节 重点省市

一、广州

（一）逐步完善北斗全产业链

在国内北斗市场激烈竞争中，广州市涌现出一批具有核心竞争力的骨干企业，已形成产业特色突出、具有较强竞争力的北斗导航全产业链，构建了包括芯片、板卡、北斗天线、算法、处理软件及地图等北斗基础产品，终端产品制造，系统集成和运营服务为一体的北斗导航产业链，北斗导航产业稳步发展。

（二）出台政策助推北斗产业发展

2016年，广东省印发了《广东省人民政府办公厅关于推动卫星导航应用产业发展的指导意见》，指出了要加快推动北斗卫星导航系统在国家安全、经济建设、社会发展等领域的应用。培育若干实力雄厚的龙头企业和一批创新型中小企业，形成一批关键核心技术和自主创新成果；基于北斗卫星导航系统应用的智能化服务在关键领域和重要行业得到广泛运用。

（三）北斗企业加快核心技术研发

广州的北斗企业在产业链中占据了有利的市场地位。广州海格通信公司卫星通信综合实力保持行业前三名，掌握了射频模块、动中通天线、民用多媒体卫星通信系统、卫星通信设备等重要产品技术。在上游领域，海格通信旗下广州润芯生产的北斗射频芯片、泰斗微电子设计的北斗基带芯片皆位居国内市场销量前列。在终端产品市场上，广州中海达卫星导航技术股份有限公司与南方测绘占据了国内高精度导航设备市场的主导地位。

二、深圳

（一）北斗产业服务平台逐步完善

深圳市在推广北斗应用方面具有先天的优势，深圳是一个高新技术产业汇聚的地方，深圳卫星导航与位置服务产业规模和发展水平处于国内先进行列。在上游领域拥有深圳华颖锐兴科技有限公司等国内北斗天线生产商，在车载导航领域，深圳凯立德科技股份有限公司占据了国内一半的市场。2016年，深圳市成立了"北斗＋"众创空间，重点构建核心服务平台，建设基于北斗的时空信息服务与技术支撑平台，利用深圳在系统集成方面的优势，拓展北斗系统的运营与维护服务，助推深圳市北斗产业的发展。

（二）大力推行交通领域应用示范

由中国科学院深圳先进技术研究院孵化的大数据应用领域的深圳北斗应用技术研究院有限公司做技术支撑而开发出的深圳"一站式出行平台"。北斗院聚焦于位置信息服务和交通大数据分析，"一站式出行平台"将能为深圳市民提供一站式出行解决方案，也就是未来在一个页面当中，用户能看到从 A 点到 B 点的所有出行组合解决方案，其中，会有最省时、最省钱等推荐方案，是互联网与北斗位置信息技术的成功结合。

第十六章　西部地区

　　以四川、陕西、重庆为代表的西部地区，航天、航空部门的技术、设备、人才等优势明显，是我国卫星导航和位置服务行业重要的生产和应用基地。在北斗导航产业方面，西部地区侧重于军事、应急、防灾、减灾、地质监测等特殊领域的应用，发展以卫星零部件制造为主的产业格局，将会成为北斗导航产业最具发展潜力的地区之一。

第一节　整体发展态势

　　西部地区充分利用在军工以及重工业方面的优势，搭建地区级卫星导航应用平台，在位置服务数据中心建设，北斗"一张网"地基增强系统建设、卫星导航技术研发方面走在全国前列，拥有相关卫星导航企事业单位 800 多家，在北斗导航产业链各环节均有若干优势企业，如振芯科技、九洲电器、长虹电子等，产业基础坚实，龙头带动作用明显。2016 年，西部地区卫星导航产业的产值达 146 亿元，同比增长 19%，全国占比约为 6.6%。

第二节　重点省市

一、陕西

（一）"北斗＋"众创空间助推北斗产业发展

2016 年，西安航天基地管委会和北斗开放实验室共同设立的"西安北斗

+"众创空间，在西安航天基地成立为西北地区首个"北斗＋"众创空间。北斗开放实验室是我国北斗领域首个资源开放共享平台。"西安北斗＋"众创空间将依托雄厚的航天产业及高校人才基础，通过聚集政府政策优势以及北斗开放实验室平台资源优势，围绕北斗产业方向，打造集人才培养、应用开发、成果转化、孵化培育等为一体的专业化协同创新平台。将通过为区域内产业提供配套服务及培育创新人才等方式，加快实施军民融合发展战略，为整个西北地区北斗产业发展注入新鲜血液。

（二）开展北斗灾害监测应用示范工程建设

2016 年，北斗防灾监测系统落户陕西巴山。陕西省镇巴县巴山镇，穿越大巴山主峰，地形环境复杂、地质灾害频发，加之线路修建于 20 世纪 60 年代，建设水平及施工工艺相对较弱，设备抗洪能力不足，每到汛期，容易发生山体溜坍、滑坡和泥石流等自然灾害。然而通过安装北斗接收机，同时在附近的山头建立卫星信号基站。一旦山体表面发生滑坡变化或者危石发生移动，哪怕岩体深层内部只有 1 毫米级的"微动"，数据通过无线 3G 模块和自带的太阳能供电系统，传到防洪巡查看守人员手机中，实现对灾害的自动化实时防护监测和精准报警。

二、四川

（一）北斗产业发展势头良好

四川省以北斗芯片为核心和支撑，以应用为突破、以终端制造为抓手，通过成立产业联盟、编制路线图、争取专项支持、推进示范应用工程、建设高精度增强系统、授牌北斗导航服务中心、设立北斗新时空创新孵化基金等工作，北斗产业取得了快速发展。

（二）绵阳成为四川北斗发展的领头羊

2016 年，绵阳市已建成绵阳智慧旅游服务体系和智能公共交通服务体系。四川九洲电器集团有限责任公司作为绵阳北斗导航产业的主要力量，正在建设"九洲北斗新时空现代物流网"。绵阳市通过这一项目，最大限度地发挥北斗产业在地理信息、交通通信和旅游应用中的资源优势，以合作、合并等方式集合四川省道路运输车辆卫星定位系统企业监控平台，快速形成四川省以北斗导航为核心的道路运输卫星定位数据总中心，通过建立北斗导航数据中心、北斗新时空现代物流调度及结算平台，实现以北斗导航为基础的四川省现代物流系统。

（三）开展电力监测领域北斗应用示范工作

2016 年，基于北斗技术的高压输电线铁塔和塔基的地质灾害在线监测与实时预警项目已经正式投入使用。由于四川的地理环境特殊，有可能出现滑坡、地面沉降，地裂缝、危岩等地质灾害，对电力部门的电塔和塔基可能造成一定的隐患。通过北斗高精度监测系统对位移类监测（北斗地表位移、裂缝、内部位移）和水情环境类监测（内部水位、降雨量、土壤含水率），塔基结构类监测（倾斜、应力）等，节省了人力资源，同时保障了电力网络的平稳运行。

三、重庆

2016 年 5 月，全国首个北斗民用战略新兴产业研究院在重庆沙坪坝区正式揭牌成立，研究院建设实验室、研发中心及体验展示中心，包括北斗芯片应用项目、北斗智能水泵项目、北斗智能避雷系统项目、北斗环境检测项目等 7 个研究所。由于重庆的地理位置特殊，研究院将重点研究北斗在农副产品管理、水流检测、油改气管理、地质灾害预测等方面的功能。研究院依托科技创新实现"北斗＋"新兴业态服务模式，扩大北斗民用技术的推广和应用，促进重庆市北斗产业发展。

第十七章　华中地区

以湖北、河南、湖南为代表的华中地区依托在测绘科学领域的科研和人才优势，尤其是武汉大学、解放军信息工程大学、国防科技大学等军地高校在卫星定位导航与测绘应用领域的研发力量和人才团队处于全国领先地位。

第一节　整体发展态势

近年来，华中地区逐步形成了以北斗高新技术人才培养、北斗芯片板卡研发、高精度北斗导航软件研制、高精度地理信息采集和测绘行业应用为主的北斗导航产业发展格局。目前华中地区拥有多个国家级公共服务平台，国家级认证中心和国家级工程技术中心，是我国发展北斗卫星导航的重要地区之一。2016 年，华中地区卫星导航产业的产值达 213 亿元，同比增长 17%，全国占比约为 9.7%。

第二节　重点省份

一、湖北

（一）湖北完善北斗产业发展政策环境

2016 年，湖北省出台《湖北省测绘地理信息事业发展"十三五"规划（2016—2020 年）》，指出要以地理国情监测常态化开展、北斗卫星导航应用产业达到千亿元规模为目标，提升北斗卫星导航应用产业核心竞争力，促进产业链全面发展。明确了"全省时空信息'一张图'建设、北斗高精度位置服务'一张网'建设及运营、地理国情监测及应用、测绘应急保障服务、测绘地理信息公共服务"等七个重点工程项目。2016 年，建成由 91 个基准站、1 个主控中心和 3 个分中心构成，覆盖全省及周边地区的北斗地基增强基准站网，为高精度导航和专业定位应用提供实时动态位置服务，湖北省北斗产业稳步发展。

（二）开展"北斗＋农业"应用示范工程

2016 年 10 月，湖北省测绘工程院与湖北省农业机械化技术推广总站签订了《湖北省北斗导航应用示范项目合作协议》。该示范项目启动后，将以跨区作业的联合收割机为重点，在湖北全省范围建设开发北斗农机信息化作业智能调度系统，推广北斗农机米级定位终端 12000 套，实现农机合理调度，探索远程可操控的农机自动化作业模式，指导农机合理调度和监控；以大马力拖拉机为重点，建设开发北斗农机自动驾驶精细耕种系统，集中在湖北的襄阳、荆门、荆州、天门等重点区域推广北斗农机厘米级终端 150 套，探索农机自动化精准作业模式，推进湖北省的各类农机的全面精细耕种，为将来扩展到其他农业地区、农机作业提供示范借鉴作用。

二、河南

（一）出台政策推动北斗产业快速发展

2016 年，河南省出台了《北斗导航产业三年（2016—2018 年）发展行动计划》《河南省空间信息产业发展"十三五"规划》，指出河南省北斗导航产业未来三年要基本完成北斗导航产业在重点领域的部署，提升应用能力和产业化水平，完善产学研用一体化的研发、生产、应用服务产业链条，形成北斗导航产业集聚发展的区域格局。推广北斗在能源、通信、金融、公安方面的应用。组建了以解放军信息工程大学为主的北斗导航军民融合研究院，重点开展卫星精密导航定位、北斗应用国产化、北斗信息安全保密、北斗导航大数据、低成本导航芯片与模块、多模组合导航定位、位置服务信息安全与认证等关键技术攻关和研发，推动北斗产业快速发展。

（二）搭建河南北斗技术研究中心

2016 年，河南省空间信息应用工程技术研究中心正式挂牌成立。以中国电子科技集团第 27 所为主体，着力开展北斗、高分行业和区域应用总体解决方案、专题应用研发和应用服务，围绕各行业对北斗导航、高分等空间信息应用需求，融合北斗导航、高分遥感、地理空间信息、行业专业应用数据信息，形成统一的空间信息数据获取、处理、融合、生产、分发体系，构建河南省空间信息综合应用体系框架。

下一步河南省空间信息应用工程技术研究中心运用北斗定位及短报文功能，融合高分遥感技术，重点围绕黄河、淮河和南水北调等水域的智能管理，开展水文监测、水质监测、防洪调水、库坝监控、洪涝灾害防范与监测、评估等开展综合应用。

三、湖南

（一）湖南已完成北斗产业布局

湖南省北斗技术及应用产业链覆盖芯片、板卡、天线、模拟源等产业链上游产品，手持、车载、船载等产业链中游终端类产品，能提供较完善的卫星应用系统集成和运营等服务。目前已初步形成长沙、岳阳重点集聚区，各市州多元发展的产业链格局，全省专业从事北斗应用的企业 30 余家，以湘邮科技、长城信息、国信军创等为代表的本土优势企业借助北斗应用示范综合效应，积极拓展北斗新业务板块，成为北斗产业发展的先导力量，研制出车载、手持、船载等北斗终端产品，研发上线各类北斗运营服务平台和系统。目前，湖南省拥有区域高分数据与应用中心 1 个，北斗区域级计量检测中心 1 个，空间环境模拟实验室 1 个，导航研究中心 3 个，北斗卫星导航应用院士工作站 1 个，北斗仿真与测试开放实验 1 个。2016 年，在湖南卫星导航定位公共服务平台（HNCORS）基础上，湖南省完成了 85 个北斗基准站的改建，北斗增强信号基本覆盖全省。

（二）北斗高精度位置服务应用初见成效

2016 年 8 月，湖南 14 个市州已全部完成数字城市地理信息基础工程建设，建成了以"一网一库一平台"为核心的"数字湖南"基础工程体系，能为用户提供北斗高精度位置等服务，并为各行业提供了基础性、公益性、应急性地理信息资源保障与服务。"一网"即卫星导航定位地面增强系统基准站网。经两期工程建设，目前湖南已经建立起覆盖全省域的 122 个基准站网，其中 85 座融合了北斗系统的导航定位服务，可为北斗终端提供连续、实时、高精度的位置服务，可广泛应用于城市规划和建设、交通运输、国土调查、测绘、地质、气象、地震、空间科学、地球物理等行业和领域。

以基础地理信息数据为基础的"一库"，即数字城市地理信息基础工程数据库体系，主要包括大地测量成果、多源多时相航空航天遥感影像成果、多类型基本比例尺地图成果等。在"一平台"方面，目前湖南已实现全省 21.18 万平方公里的矢量电子地图全覆盖，高清影像覆盖全省 85%，拥有 160 余万条的地名地址信息、部分区域街景以及长沙、张家界、崀山等地区三维地形数据资源。

企 业 篇

第十八章　光谷北斗

从 2006 年开始，我国将北斗导航系统列入《国家中长期科学和技术发展规划纲要》16 项重大科技专项之一，此后北斗产业经历了十年如火如荼的创新和发展。作为北斗企业典型代表，武汉光谷北斗控股集团有限公司（以下简称"光谷北斗"）以"北斗卫星导航定位及地球空间信息产业的应用服务"为经营定位，开展四大业务板块，包括北斗技术和服务、北斗平台运营、北斗产业园建设、北斗产业投资。在核心业务上实现北斗应用的全权承包，北斗产品制造以及卫星运营等服务，在北斗技术与应用国际化发展的上有巨大贡献，同时在开拓国内市场应用上成果显著。本章旨在对光谷北斗进行简要分析，对其创造的可观服务价值和经济收益进行总结，对其 2016 年取得的一系列成果以及未来的发展方向进行全面解读。

第一节　企业简介

光谷北斗是 2013 年 5 月在武汉东湖国家高新区注册成立的国家高新技术企业，注册资本 2 亿元。公司以"北斗卫星导航定位及地球空间信息产业的应用服务"为经营定位，以"北斗技术与应用、北斗运营平台、北斗产业园建设、北斗产业投资"为四大主营业务，向中外客户提供北斗卫星导航及地球空间信息应用的全面解决方案。

集团目前拥有 8 家子公司（泰国 2 家、武汉 4 家、黄石 2 家），现有员工中博士、硕士及中高级技术职称员工比例近 80%。公司是我国北斗五大产业集群中，中部地区北斗产业的龙头企业；是中泰北斗及地球空间信息产业合作的唯一总承包企业；是国家科技部认定的唯一以"北斗"为特色的国家级国际科技合作基地；是国家科技部、外交部、商务部、国家发改委、测绘局重点支持的北斗"走出去"企业；是积极响应习近平总书记建设"一带一路"号召，践行"北斗全球化"的全国行业排头兵。

第二节 主营业务

一、北斗地基增强系统建设

北斗地基增强系统也称北斗 CORS 基准站，可以连续稳定接收北斗卫星信号，运用差分解算技术，大幅提高北斗定位导航的精度，向其覆盖范围内的北斗终端提供连续稳定的高精度的北斗卫星参考坐标，将北斗定位精度提高至亚米、厘米乃至毫米级，满足政府、企业（机构）、个人对高精度实时导航定位的服务需求。

二、北斗重点行业应用解决方案

（一）北斗桥梁安全监测系统

通过给桥梁安装北斗高精度定位终端，确保桥梁实时厘米级三维形变及毫米级沉降数据的实时获取，可对桥梁坍塌等事件进行预警。该系统具有高精度（如监测点三维绝对坐标值≤3mm）、全覆盖、全天候、全天时、全自动、大数据等优势，为桥梁安全提供全新的监测手段。

（二）北斗地表沉降监测系统

为探测人工建筑物和自然特殊地形地貌的轻微形变而设计，应用北斗高精度定位技术，与传统水准测量结合，具有精度高、速度快、全天候、距离远、受限少等优点，可对目标进行 24 小时不间断监控，达到毫米级的精度。

（三）北斗矿山滑坡监测系统

是专门针对尾矿库、矿区采空区地表沉降监测、地质灾害（尾矿库溃坝、山体滑坡）等存在的变形打造的一套高精度、全自动、无人值守的形变监测解决方案，可对滑坡进行 24 小时不间断监控，达到毫米级的精度。

（四）北斗城市管线普查管理系统

将基于北斗卫星导航的定位技术应用到城市管线普查及信息化管理，在管线检测、管线防腐、管线施工、管线巡检、管线应急抢修等各个环节大显身手，为管线管理的信息化数据提供精准的位置参数，提高了城市地下管线的信息化管理能力和安全管理水平。

（五）北斗智慧工地管理系统

利用北斗导航定位技术、多传感器的物联网集成技术、"互联网＋"等多种技术融合，在统一的数据监测、数据处理、数据分发服务平台下，数据采集全面涵盖建筑物、施工人员、施工车辆、建设工具五个方面参与物的静态和动态活动数据，解决项目施工"现场"管理、项目监理"实时"管理、项目执法"有效"管理的需求，有效提高工程管理信息化水平，为建设工地的安全生产和智能调度保驾护航。

（六）北斗智慧交通管理系统

系统具有体积小、安装简单、使用方便等特点，车辆监控后台对可对车辆进行自动实时定位，车辆实时追踪可保留六个月行车路线，可用手机或电脑查询车辆所在位置，并实时跟踪定位车辆移动路线，实现车辆一键定位轻松找车，同时可以对管理车辆进行在线监控，满足汽车、高铁等安全应用需求。

三、北斗产业园建设

（一）中国—东盟北斗科技城（武汉产业园）

2016 年 6 月 5 日，在"中国中部国际产能合作论坛暨企业对接洽谈会"开幕式上，光谷北斗与泰国合作伙伴正式签署了关于共同在泰国投资建设"中国—东盟北斗科技城（武汉产业园）"合作协议，旨在打造北斗"走出去"国家战略的样板工程。该项目一期规划 10000 亩，预计投资 20 亿元。一期工程 2017 年开工建设。计划引进我国地球空间信息产业、光电子信息产业、高端装备制造业、现代农业及食品、旅游产业、中医药产业、养老产业、文化产业和教育九大优势产业入驻该园区。

（二）中国—东盟北斗科技城（黄石产业园）

2014年1月9日，黄石市人民政府与光谷北斗就在黄石市共建"中国—东盟北斗科技城"正式签约，打造我国首个北斗国际化"样板间"。项目总占地2800亩，建设工期6年。一期建设800亩，2016年已开工建设。面向东盟地区各国及国内市场，在黄石打造中部地区最大的北斗及地球空间信息产业集群，推进北斗在通信、交通、航运、金融、电力、急救、公共安全、物流、物联网等重点领域和行业的应用，深化光谷北斗与东盟地区的北斗及地球空间信息领域的合作，提升我国地球空间信息产业的国际竞争力。

四、年度技术创新取得的成果

2015年9月，北斗及地球空间信息技术领域"博士后科研工作站"获人社部、全国博士后管委会批准设立。

2016年11月28日，荣获科技部"北斗及地球空间信息产业国际科技合作基地"认定并授牌。它是目前我国唯一以"北斗"为特色的国际科技合作基地。

2016年度，参加北斗国家标准制定1项，主持湖北省北斗标准1项。

2016年12月30日，湖北省科技厅组织召开了以许厚泽院士任组长的"基于北斗卫星的桥梁三维变形监测关键技术研究及工程应用"科技成果专家鉴定会。"基于北斗卫星的桥梁三维变形监测关键技术研究及工程应用"获"整体处于国际先进水平"的鉴定结论。

第三节　经营战略

2017年重点建设项目：

一是"中国—东盟北斗科技城（武汉产业园）"（见前述）。

二是"泰国北斗智慧产业园区管理"项目：

2016年10月，光谷北斗与泰国一家上市公司就其运营的36000亩的产业园实施北斗智慧产业园区管理系统签订了合作备忘录，计划总投资2亿元人民币。

　　泰国智慧产业园区管理系统以北斗高精度定位技术为主，同时借助云计算、物联网、决策分析优化等技术，通过监测、分析、整合及智慧响应的方式，将园区中分散的、各自为政的物理基础设施、信息基础设施、社会基础设施和商业基础设施连接起来，形成基础设施互联互通及高度集成的信息化管理云平台，提高工业园的核心竞争力、招商吸引力和园区运营服务能力。

第十九章　千寻位置

卫星导航市场的巨大市场空间和发展潜力吸引了大量企业相继进军北斗产业，同时信息化与北斗产业的结合也越来越紧密。千寻位置网络有限公司（以下简称"千寻位置"）作为开展互联网与北斗技术服务一体化为主的公司，在中国兵器工业集团公司和阿里巴巴集团共同建设下，确立了"互联网＋位置（北斗）"的理念，通过云计算服务和大数据关键技术支持，建立了北斗位置服务平台，大幅提高了对国家、行业、大众市场精准位置服务能力。本章旨在对依托互联网着力推进北斗产业上下游位置服务综合应用的千寻位置进行介绍和评述，分析其主营业务和经营战略，以期为其他企业提供参考。

第一节　企业简介

千寻位置由中国兵器工业集团和阿里巴巴集团合资成立，注册资本20亿元人民币，以"互联网＋位置（北斗）"为理念，通过北斗地基增强全国一张网的整合与建设，基于卫星定位、辅助定位技术、云计算和大数据技术，构建位置服务开放平台，提供实时米级至厘米级、后处理静态毫米级的高精准位置服务，以满足国家、行业、大众市场对精准位置服务的需求。

千寻位置负责数据播发系统研制建设，并负责利用互联网运营模式整合产业上下游，推进高精度应用，这对提升北斗系统服务质量，满足政府、行业和大众对北斗高精度应用需求，对创造差异化服务优势，加速推进北斗卫星导航应用与产业化具有重要意义。

第二节　主营业务

千寻位置网络有限公司负责北斗地基增强系统高精度全国"一张网"建设，以卫星定位为基础，融合各类定位技术，针对特定的应用场景，不同的应用终端，推出与实际场景相结合的解决方案，向各类终端和应用系统提供高精准位置服务；并分享对位置相关的海量数据接入、存储、融合和开放的能力，为企业和开发者的集成开发、应用推广提供一站式的服务支撑；让精准位置服务成为连接、激活和驱动位置（北斗）生态发展的新的互联网基础设施。

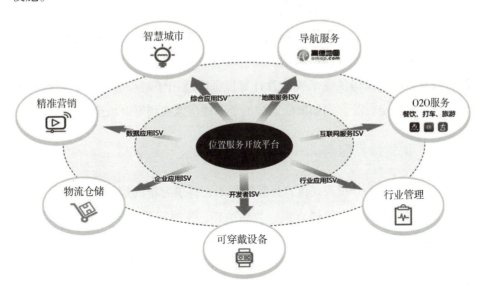

图 19–1　千寻位置主营业务

一、高精度位置服务

（一）亚米级高精度位置服务

基于 RTD 的差分定位原理，依托遍布全国的卫星定位地基增强站，融合各类定位技术，以互联网的方式提供 7×24 小时高可用差分播发服务，面向全国范围内的各类终端和应用系统，提供无缝漫游的亚米级精度的位置纠偏数据服务。适用于对高精度定位有需求的企业和开发者，为用户提供高精度的位置纠偏服务，可以应用到物流、交通等行业，如车辆导航、可穿戴设备、车道级道路定位等实际位置应用。

（二）厘米级高精度定位服务

基于 RTK 的差分定位原理，依托遍布全国的卫星定位地基增强站，融合各类定位技术，以互联网的方式提供 7×24 小时高可用差分播发服务，面向全国 23 省市范围的各类终端和应用系统，提供厘米级精度的位置纠偏数据服务。适用于对位置数据达到厘米级精度要求的特定行业，例如互联网驾校、无人驾驶、精细农业等。

（三）静态毫米级高精度定位服务

依托遍布全国的卫星定位地基增强站，支持多个卫星定位系统，融合各类定位技术，及后处理的高精定位差分算法，面向特定需求的行业和应用系统，以互联网方式提供毫米级位置计算服务。适用于对位置数据达到毫米级精度要求的特定行业，例如形变监测的危旧楼房监控预警、坡道监测预警等。

二、位置数据服务

基于高并发、分布式、流式计算等技术，提供海量终端位置数据的上传、存储、实时追踪、历史轨迹查询、数据抽样、实时报警、统计报表等各种功能，打造满足不同行业及应用需求的云服务，使得位置数据的接入及后续处理变得"易如反掌"。专注、专业、专精于位置服务，整合高精度定位、车载惯导 VDR、行人惯导 PDR 等技术，聚合高精度地图、物流地图、天气预报等资源，为开发者提供一站式服务支撑。

三、增强定位服务

（一）行人增强定位服务

基于千寻自主研发的行人增强定位算法及云、端一体化服务，致力于解决卫星定位漂移、手机适配等问题，实现准确定位结果。并能自动识别用户手机摆放位置，实现对用户运动状态下的准确记步、步幅计算、里程计算和步态分析。适用于跑步和室内定位场景，开发者可以将千寻优行集成于跑步类 APP、运动类智能终端、室内定位类 APP 中，为 C 端用户提供更精准的位置信息和运动数据。

（二）车载增强定位服务

基于千寻自主研发的车载增强定位算法及云、端一体化服务，通过 GNSS 和 INS 组合定位，解决车载定位设备在卫星信号丢失情况下的定位问题，提升终端的综合定位能力。适用于导航、ADAS 应用、设备定位、共享单车防盗、UBI 分析等场景，为用户终端提供连续定位、车速及超速预警、设备运动状态识别、用户驾驶行为分析等功能。

四、A－GNSS 加速定位服务

基于 A－GNSS 辅助卫星定位技术以及移动通信定位技术原理，依托分布于全球范围的地面 GNSS 地基增强网络实时无间断采集 GNSS 辅助信息，同时立足于移动通信网络国际标准定位协议框架（SUPL 协议）定制服务，以互联网方式提供 7×24 小时标准化、覆盖全球的 A－GNSS 加速定位服务，能同时支持 A－GPS/A－GLONASS/A－北斗，为全球范围内的各类 A－GNSS 终端和应用系统，提供高可靠的、高效的辅助定位信息，帮助用户设备大大缩短初始定位时间，提高定位精度，降低设备能耗等，全面提升位置服务体验。该产品面向 GNSS 芯片厂商以及定位终端设备厂商，基于移动通信网络国际标准定位协议框架（SUPL 协议），集成于系统底层，最终在设备系统层面实现快速定位能力。适用于智能手机、车载导航、可穿戴设备定位等各类移动终端，大幅缩短首次定位时间，全面提升定位体验。

五、解决方案

（一）智能设备软硬件解决方案

提供包括芯片、模块、终端生产等硬件方案，以及 SDK、OS 改造等软件方案，为开发者开放固件资料、开发文档，并在开发过程中提供技术支持服务。降低企业及开发者制造智能设备的技术门槛，易于进行生产及扩展定制。支持智能设备接入千寻位置服务平台，提供位置数据分析、统计报表等增值服务。同时，为开发者开放 API，支持符合使用规则的位置数据调用。帮助企业用户及开发者提高运营能力，搭建业务系统。

（二）互联网精细农业解决方案

通过采用千寻位置的厘米级高精度定位服务，为精准农业提供高精度、广覆盖的位置服务，满足农机驾驶、播种、收割等自动化要求，从而实现农机全天候施工。同时利用千寻位置在田间地头的物联网基础设施，结合合作伙伴的方案，实现从农业机械化到互联网精细农业的跨越，从自动化、信息化到 DT 时代的跨越，实现基于数据在线的精细农业规划、实施、管理、联动，让互联网农业真正落地。

（三）形变监测解决方案

通过采用千寻的毫米级高精度定位技术，对危旧楼房、滑坡、水坝、铁塔等进行高性价比的安全监测，对被监测对象的倾斜、沉降等安全指标进行 7×24 小时的毫米级自动化监控，不同等级的预警等，为住户、保险公司、政府主管单位等提供可靠的监控保障体系。

（四）车辆监控解决方案

面向车辆监控行业进行深入定制和封装，实现 JT808 等协议，支持海量终端快速接入平台。系统支持无缝弹性扩展，实现海量轨迹数据的存储管理，并通过 API&SDK 对外提供车辆管理、用户管理、实时位置追踪、历史轨迹查看、自定义实时分析和统计报表等功能，方便用户快速搭建业务系统，降低研发成本。支持用户自定义车辆配额、数据存储时间、是否选择轨迹抽析等扩展功能。用户可根据业务发展阶段，按需定制功能，避免不必要的资源浪费。随着业务增长或变更，只需要简单配置而无须调整系统架构，便可满足业务发展的需要。基于云计算和大数据技术，提供大数据挖掘的计算能力。聚合地图、保险、天气等第三方资源，深入分析挖掘业务场景，与用户共同打造数据增值服务。

（五）智慧城市解决方案

通过千寻位置提供的亚米级、厘米级和静态毫米级高精度定位服务，使以往存在偏离目标（人、车、物）位置坐标，精度大幅提升；加快业务处理速度。解决了城市管理及发展作业中定位不准、处理延缓的痛点。基于物联网、大数据和云平台技术，搭建的共享平台，支持多部门协同作业，将事件及部件的精准位置进行分享、移动轨迹进行存储管理，从而提升作业效率。

六、业务进展

2016 年 5 月，千寻位置网络有限公司首次战略发布会在湖南长沙国际会展中心举行，会上发布了高精度位置服务产品系列——千寻跬步（Findm）、千寻知寸（Findcm）、千寻见微（Findmm），标志着国家北斗地基增强系统全国"一张网"正式提供服务。同月，千寻位置与海积信息公司签署了合作框架协议，双方将整合资源、携手面向高精度位置服务的海量市场，利用各自的技术开发力量，开发双方共同确立的项目，包括形变监测、互联网驾校等。9 月，千寻位置正式推出"精智生态圈"，提出未来将会从用户的需求出发，打造一个终端厂商、运营商、设计公司、芯片厂商、开发者多赢的精智生态系统，互联移动、合众思壮、海高思通信等第一批加入生态圈。10 月，阿里云栖大会上，千寻位置推出全球首个支持 A－北斗的辅助定位平台，命名为 FindNow。该平台是世界上第一个全方位支持 A－GPS/A－GLONASS/A－北斗三大卫星系统的标准化 A－GNSS 服务，最大特点是能够将传统定位耗时 30 秒以上的初始定位时间缩短至 3 秒。同月，千寻位置与展讯通信公司达成战略合作，将为展讯平台提供支持 A－GNSS 服务——FindNow，高精度差分定位服务并扩展星历服务技术，双方将充分发挥各自在技术、市场及位置服务平台上的优势，结合云计算、数据技术及既有的生态系统，构建完整的位置服务生态产业链，拓展北斗的应用市场并推进中国位置服务产业的完善。

第三节　经营战略

千寻位置网络有限公司将按照"统一规划、统一标准、共建共享"的原则，构建全国"一张网"，实现部门间、地区间和用户间资源统筹、数据共享。坚持使用国产设备，核心技术、芯片、算法全部自主可控，同时支持北斗、GPS 和 GLONASSO。结合使用阿里云大计算力量的千寻云踪——位置数据接入服务，为全国智能产业提供厘米级乃至毫米级高精度位置定位，快速 + 精准定位，使汽车导航、精准农业、防灾减灾等行业正迎来新的机遇。

在传统产业转型升级方面，位置信息同样大有可为。目前，千寻服务可应用于商用车、乘用车、手机、可穿戴设备、GNSS 跟踪器、船舶、无人机等，满足物流配送、O2O、儿童防丢、资产管理、金融保险、运动健身、LBS 等多样化的场景需要。目前，公司着力为自动驾驶、智能驾培、车载设备、移动终端，以及精准农业、危房监测、防灾减灾、铁路桥梁监测等诸多领域的客户源源不断提出合作方案。

第二十章　中海达

广州中海达卫星导航技术股份有限公司（以下简称"中海达"）抓住国内测绘地理信息产业发展之契机，以"专注、创新、坚韧"之精神，专注测绘地理信息装备制造、服务及解决方案提供。中海达以前瞻的技术引领整个行业的革新和发展，目前，产品应用于全球100多个国家和地区。

第一节　企业简介

中海达成立于1999年，2011年2月15日在深圳创业板上市（股票代码：300177）。中海达旗下拥有8家子公司，28家分支机构，1600多名员工，并在海外拥有60家经销网点，他们构成了覆盖全球的销售及服务网络，为客户提供更具竞争力的产品、更优质的服务、更快的响应速度。

2016年，中海达先后并购星索导航、参股科微智能、投资武汉光庭、参股博创联动，进军惯性导航、测绘及水文领域无人船、高精度地图、农机导航等领域。同时，出资设立专注移动GIS业务的子公司满天星云及专业渠道销售公司，全面布局测绘地信产业。

第二节　主营业务

当前，中海达业务类别涵盖GNSS产品、光电产品、GIS产品、三维激光、移动测量、海洋探测、无人机等装备制造；北斗高精度应用、农机自动导航、机械精密控制、室内定位等系统集成及解决方案；街景、2.5维、三维数据、管线探测、行业应用等数据及应用服务，产品及服务覆盖测绘地理信息全产业链。

在北斗应用方面，主要产品和技术包括：空间信息数据采集装备（高精度卫星定位产品、光电测绘产品、声呐探测产品、三维激光产品）、空间信息数据提供（2.5 维和真三维空间数据、三维全景空间数据）、空间信息数据应用及解决方案（数字文化遗产解决方案、智慧城市应用解决方案、移动 GIS 行业应用解决方案、地质灾害监测、农机自动化、精密机械控制、CORS 系统应用和无人机空间采集）等三大类产品。主要的产品为：（1）高精度卫星定位产品；（2）光电测绘产品；（3）中海达"安全卫士"系列系统软件；（4）安全监测预警系统；（5）海洋探测产品；（6）移动三维测量系统；（7）无人机；（8）精密机械控制；（9）高端海洋装备；（10）农机自动化等产品。

一、RKT 产品

中海达 RKT 产品采用 PCC 多星多系统内核，跟踪 GPS + GLONASS + BDS 的三星系统信号，达到厘米级精度。通过使用三大全球卫星导航定位系统，不仅是卫星数量的增加，更是功能的提升，提高了在恶劣环境中有效定位的能力，提供了强大的信号接收功能和更好的相互保护技术。并运用了超长距离 RTK 作业技术，突破传统 RTK 作业距离。

在 RKT 产品中，突破了 CORS 技术、CORS 技术 GPRS/CDMA/UHF/3G 数传技术、语音/液晶/LED 灯三重操作指示技术。在 CORS 技术中，面向 CORS 系统的技术设计，结合中海达成熟的网络数传技术，可无缝接入城市连续参考站系统，该系列产品支持自建单机站和多基站 CORS 系统，基准站无线接入无须拉网线，建站成本低，扩展方便，支持 UDP 和 TCP/IP 协议，支持 NTRIP 协议，支持其他品牌接入 HD – CORS 系统；在 GPRS/CDMA/UHF/3G 数传技术方面，同时具备成熟网络数据传输技术（GPRS/CDMA/3G）和数据链技术（UHF），可自由切换数传模式。GPRS/CDMA/3G 数传技术不受作业距离限制、特别适合城区、山区等传统电台信号阻挡严重的复杂地区作业、抗干扰能力强；在语音/液晶/LED 灯三重操作指示技术方面，采用智能语音技术、完美液晶显示加上绚彩的 LED 灯指示。

RKT 产品配置采用 Android4.2 版本以上作为操作系统，1.2G 4 核处理器，3.7 英寸高亮专业级户外彩色触摸屏，内嵌 1G 内存，支持高达 32GBSD 扩展存储；800 万像素高清晰摄像标注功能；多点电容式触摸屏，带触摸笔，满足冬天带各式手套可用；6300 毫安的电池容量，可方便拆卸，可在线充电，最大工作时间＞24 小时，最大待机时间最长 900 小时；支持双卡双待功能，可进行无线视频传输和视频通话功能。

二、北斗地基增强系统

中海达北斗地基增强系统由基准站子系统、通信子系统，数据中心和用户子系统组成，构建区域测绘工作的高精度参考框架网，为各行业用户提供实时和事后的高效测量基准传递服务。该系统采用中海达自主设计的全星座虚拟参考站技术，支持北斗全星座多模多频的长基线解算技术，采用稳定的高精度误差改正模型以及稳健的区域化的插值算法，让 RTK 测量更稳定，支持分布式运行，完全满足大网建设及海量用户并发运用场景，智能安全的综合运营管理平台，支持加密的实时在线坐标转换。目前中海达地基增强系统已经应用在中国并购基准站设备采购、上海北斗 CORS 应用示范项目、云南省网普洱滇西南项目、海口市 CORS 项目。

三、大坝变形监测系统解决方案

中海达北斗高精度水库大坝自动化监测预警系统，符合水利部《土石坝安监测技术规范》，专为土石坝安全预警设计，是水利部门充分认可的成熟解决方案。该软件是中海达自主研发的首款先进的单历元解算软件，实时接收所有基准站和监测站的北斗/GPS 原始观测数据，生成高精度单历元变形信息，系统调用这些数据进行分析预警，将系统所监测的系统数据直观地展示在界面上，并对数据进行监测和分析。

该系统由坝体自动化监测系统由野外监测系统和室内配套应用软件两部分组成。其中野外监测系统主要包括：坝体位移监测子系统——中海达 VNet 系列高精度 GNSS、库水位监测子系统、降雨量监测子系统、浸润线渗流监测子系统、视频监测子系统、电源子系统、通信子系统；配套应用软件，包括 Vnetstream 网络数据服务软件、ZMonitor 高精度单历元解算软件、网络发布系统等等。

该系统监测项目全面，对降雨量、库水位、浸润线、坝体位移、渗流量等参数进行准确监测；绝对位移真实，通过采用专用监测高精度北斗接收机，实时提供真正三维变化数据；系统稳定可靠，冗余设计，平均无故障运行时间 10000 小时以上；预警预报及时：第一时间短信，声光报警，应急预案辅助决策。

四、管道泄漏监测系统

次声波法是目前最可靠最灵敏的压力管道泄漏监控技术。管道泄漏瞬间将产生多种频率的声信号。其中，次声波具有波长长、传输衰减小和穿透力强等特点，可沿管道传播几十公里甚至数百公里。次声波管道泄漏监控系统在选定监控位置安装次声波传感器。声学监控终端（ACU）采集次声波传感器信号，经过时间同步和信号处理之后，传输给泄漏监测主机。泄漏监测主机实时判断管道是否出现泄漏。当管道发生泄漏时，根据管道拓扑及 ACU 传感器接收到次声波的时间差，计算出泄漏位置。

管道泄漏监测系统采用次声波管道泄漏实时监测技术，能准确迅速地发现油气管道泄漏，并确定泄漏点位置。该系统具有灵敏度高、误报率低、定位精准等优点。在技术应用方面，采用湿式及干式高性能次声波传感器技术、先进的噪声及干扰信号处理方法、高精度时间同步技术、真实环境下的泄漏模型优化技术。目前，该系统可以监测的距离范围通常为 30—50 公里，最大可达 150 公里，系统的灵敏度为最小可测泄漏孔径为 3—12 毫米；定位误差小于100 米；泄漏监测速度是小于 60 秒；系统误报率为正常情况下小于 3 次/年。

第三节　经营战略

作为国际领先的测绘地理信息装备生产及解决方案提供商，中海达坚持技术领先战略，每年用于研发投入的费用占销售收入的 10% 以上，公司员工中，从事创新、研究与开发的人员占比超过 30%。公司设有业内唯一的企业博士后工作站，与中科院声学研究所、武汉大学、同济大学、解放军信息工程大学、中南大学等科研院所建立科研合作，与全国 100 多所院校建立校企合作关系，是国家火炬计划重点高新技术企业。公司还设有广东省卫星定位与空间智能感知院士工作站、广东省工程技术研究开发中心及省级企业技术中心、省级重点实验室。力争掌握核心技术，推动中国卫星导航产业国际化。

2016 年，中海达及子公司入围四项国家重点研发专项。其中，中海达承担"海洋大地测量基准与海洋导航新技术"课题、海达数云承担"高灵敏度高分辨率激光雷达装置研制"课题、浙江中海达承担"面向突发事件的三维场景快速建模与可视化系统"课题、测绘公司承担"协同精密定位终端关键技术与关键器件"课题，科技实力尽彰显。

2016 年，中海达先后与中国水科院、千寻位置公司、国家水运计量站、四川省测绘地理信息局达成合作，全面提升中海达在工程施工定位、高精度定位服务、海洋测绘计量器研发、地理信息应用与服务等方面的能力，强强联手，实力升级。

深耕海外市场，拓展国际业务。2016 年，中海达加大海外市场开拓，积极参与海外测量会议，亮相重量级展会。参加德国 InterGEO 展、出席 GEO 地球观测组织第 13 次全会会议、参加联合国第四次全球地理信息管理高层论坛、举办全球代理商大会。目前，中海达的海外业绩逐年增长，海外形象大大提升。

第二十一章　九洲集团

四川九洲电器集团有限公司（以下简称"九洲集团"）是军民融合发展的大型高科技企业集团，作为我国从事卫星导航相关设备研制和服务平台建设应用的大型集团，一直坚持创新发展、市场拓展，逐渐在北斗导航产业占据了重要地位。

第一节　企业简介

九洲集团是国家从事二次雷达系统及设备科研、生产的大型骨干军工企业；是从事空管系统及设备、北斗卫星导航系统、物联网（RFID 射频识别、安全溯源、安防监控等产品）、电子政务和电子商务软件、通用航空等开发、制造、经营和服务的高科技企业。公司坚持军民融合发展战略，不断拓展产业领域，形成了基础产业、目标产业、机会产业、综合产业等四大类产业，并集中优势资源，聚焦发展国家倡导的战略性新兴产业。

公司注重北斗产业发展布局，先后获得了北斗导航民用终端级服务资质和北斗导航民用分理级试验服务资质。公司建有"基于北斗的多模式智能信息技术国家地方联合实验室"，是"四川军民融合高技术产业联盟""四川省北斗卫星导航产业联盟"理事长单位。2014 年 11 月，公司牵头，联合四川省测绘地理信息局投资平台、四川旅游发展集团、绵阳市科发集团共同出资组建四川九洲北斗导航与位置服务有限公司，专业从事北斗卫星导航及位置服务。

第二节 主营业务

2016 年，九洲集团北斗产业继续在设备研制和行业应用两大领域发力，加速产品与系统应用市场拓展。

一、设备研制业务

依托九洲集团作为军事装备和民用产品大型制造商的优势，不断提升九洲集团北斗产品在军工市场和民用行业的装备化能力，在以下设备研制提供方面取得突破：

（一）室内外无缝定位设备

九洲集团针对室内、室外无缝定位需求，推出了"亚米级室内外导航定位"系列产品，率先将北斗高精度定位和室内定位系统相结合，提高了导航与位置服务覆盖范围，有效解决了导航定位"最后一米"问题。研制的室内外无缝定位胸卡，通过在室内部署配套的定位基站，实现大型场馆室内外无缝定位。该系统已成功应用于 2016 年 9 月举行的绵阳市第 4 届科博会展场内展位、观众及安保人员监管定位和导航。

（二）机载北斗二号卫星导航设备

设备采用北斗二号/GPS 双模式；具备军码、民码定位功能，具有抗欺骗和抵抗来自三个方向的压制式干扰的能力。与传统 GPS 导航设备相比，使用我国自主北斗系统，提高了装备的安全性和可控性。

设备采用通用化设计，能配装于我国现役各型运输机、轰炸机、歼击机、直升机、无人机等平台，满足空、海军及陆航部队精确导航和精确打击需求。已完成多型平台试飞，正在定型并装备部队。

（三）北斗二代高精度授时接口盒

设备用于北斗终端与识别装备之间接口转换，实现对北斗接收机输出时间信息的完好性监测及校正；同时可输出连续、高精度和高可靠的时间信息，提高识别装备的可靠性和安全性。设备可配装于各型地空情报雷达、地空导弹平台。设备已完成多型平台加改装及用户试用，正在定型装备部队。

二、行业应用业务

九洲集团在 2016 年重点打造形成了基于四川省高精度导航与位置服务平台的应用、基于北斗卫星导航技术的特种应用、基于测绘及地理信息技术的特种应用等三大应用业务，加速推进三大应用在四川省乃至全国的快速推广。

（一）基于四川省高精度导航与位置服务平台的应用

以九洲集团已建设完成的四川省高精度导航与位置服务平台为基础，深挖行业应用，在交通、旅游和空间信息等领域拓展形成了一系列市场应用。同时，通过不断深化与四川高速建设开发公司、千寻位置网络公司、中石油公司等核心客户和业内领先企业在资本运作、资源共享、数据接入、业务打造等方面的战略合作，进一步拓宽业务空间，为公司规模化发展提供了更为广阔的平台。

1. 交通领域应用

在交通领域，公司打造形成了包括公务车、公交车、出租车、警用车、货运车、工程车在内的系列车辆管理调度运营系统，目前纳入公司平台管理的各类车辆总数接近 4 万辆。

2. 旅游领域应用

在旅游领域，九洲集团推出"智游星"智慧旅游管理系统，"智游星"智慧旅游管理系统是九洲针对满足景区管理人员、导游和游客等多方用户对旅游的高质量体验的需求，自主研制和建设实施的项目。系统由高精度移动定位终端——"智游星"和服务端软件系统构成，旨在推动景区管理的数字化、智慧化和游客服务的人性化、智能化。

以"北斗＋熊猫"双国宝充分融合为基础，九洲集团与卧龙大熊猫国家级自然保护区签订了战略合作协议，并从 2016 年开始在都江堰大熊猫保护研究中心等景区开展试点应用。截至 2016 年底，智游星日使用最高达到近 3000次/天。与此同时，智游星在"北斗＋地标""北斗＋红色文化"中的应用示范作用也已逐渐体现，目前九洲集团已与九寨沟、碧峰峡、黄龙、圆明园、颐和园、井冈山等 10 余个著名景区达成合作意向。预计到 2017 年，智游星日使用量最高可达到 50000 次/天。

3. 空间信息领域应用

九洲集团利用自身具备的高精度卫星定位技术，结合雨量、次声波、TDR、渗压计、固定式测斜仪等各类手段，研制开发了北斗边坡位移监测系统，实现边坡监测预警自动化。该系统可广泛应用于对道路边坡、桥梁、隧道、危房等的自动化监测预警管理。

2016 年，九洲集团与四川高速公路建设总公司达成战略合作关系，广泛推广形变监测、地质灾害监测、航飞等高精度位置服务的实际应用，将为四川高速公路建设施工以及路网管理提供全方位技术服务。目前，九洲集团已全面参与到绵九高速建设的位移监测实施中。

4. 物流能源跨界应用

坚持推进北斗加油卡业务和能源增值服务，做好数据和用户规模积累，全年累计发展用户 104409 个，为北斗产业大数据应用提供数据支撑。

在与中石油合作方面，深化双边战略合作，走跨界融合发展之路，打造中石油在国内能源销售业务领域的重要载体，形成规模效应，成为我国"北斗＋能源＋物流"发展模式的典范。

（二）基于北斗卫星导航技术的特种应用

2015 年 8 月，九洲集团成功中标武警总部北斗动态指挥信息系统项目。该系统利用通信技术、计算机网络技术，以北斗卫星导航定位为支撑，构建现代化高水平应急指挥信息系统，系统融合了多源地理信息、战场信息、气象水文地震灾情等信息，可以实现应急现场态势感知及可视化，满足扁平化作战指挥要求。

2016 年以来，九洲集团持续开发武警北斗指挥信息系统市场，目前已在北京、新疆、宁夏、四川、海南、江苏、湖南、海南等 10 余个地方的武警部队和武警森林、武警水电部队实现了部署建设，累计签订合同近 5000 万元。同时，完成了新疆反恐处突、第二届世界互联网大会、2015 上合组织峰会、博鳌亚洲论坛 2016 年年会等多次国家重大专项保障任务，并受到上级机关的表彰。

（三）基于测绘及地理信息技术的特种应用

以九洲集团通过与四川省测绘局合作所掌握的测绘及地理信息相关技术为依托，公司推出面向土地、房屋等不动产权利登记领域的不动产登记信息管理系统。该平台从顶层设计出发，高度统筹，全面规范不动产统一登记各流程节点；利用测绘前置，可有效规避纠纷争议；通过交易与登记一体化实现全流程信息化一站式服务，有望真正实现不动产统一登记工作政务为民、服务惠民的目标。

2016年，九洲集团先后承担了四川省遂宁市国土资源局不动产统一登记数据整合项目、遂宁市船山区不动产登记数据整合项目、九寨沟县农村土地承包经营权确权登记颁证及数据库建设服务项目等相关不动产登记、农村土地确权、第二次全国地名普查项目，各项目工作进展顺利，建设成果得到业内专家好评。

第三节　经营战略

九洲集团将始终坚持军民融合发展方针，以"发挥北斗系统的核心、基础、融合作用，将北斗产业打造成为九洲核心产业和军民融合样板产业"为战略目标，按照"北斗军工装备化、北斗民用运营化、北斗市场全球化、北斗发展资本化"的发展思路，通过提升九洲集团北斗产品在军民市场的装备化能力，加速推进三大应用在全国的快速推广，突破北斗核心技术领域研究等一系列举措，打造成为我国军民用北斗设备及应用系统的核心供应商，打造成为根植西南、面向全国的北斗导航与位置服务平台，发展成为我国北斗产业的龙头企业之一，力争2020年末实现50亿元收入规模。

政 策 篇

第二十二章　2016年中国北斗导航产业政策环境分析

北斗卫星导航系统作为国之重器，自诞生之初便一直受到国家政策坚定支持，国家和地方层面纷纷对卫星导航产业长期发展进行了系统部署。2016年，北斗导航产业政策继续加码，利好政策不断出台，制度环境持续优化。纵观全年，《卫星导航条例》立法研究稳步推进，《中国北斗卫星导航系统》《2016中国的航天》等白皮书纷纷发布，国家一系列战略规划部署将北斗应用发展列为重点方向，北斗行业应用政策更加细化、更加具体，国际合作协议不断取得新的进展。国家和地方的发改部门、交通部门、国土部门、农业部门等继续出台北斗应用与产业化政策，为北斗系统发展和推广应用提供了政策支持和保障，加快助推了北斗产业链完善，推动了北斗系统在各行业领域应用以及北斗产业市场规模扩大。

第一节　国家层面北斗导航产业政策环境分析

一、《卫星导航条例》研究项目正式列入国家立法工作计划，北斗系统法律地位逐步确立

在我国全面推进实施依法治国战略的大背景下，做好北斗卫星导航政策的顶层谋划，制定完善的北斗政策法规制度，为北斗卫星导航系统建设、运行管理、应用推广和国际化发展等营造良好的政策环境，具有十分重要的现实意义和长远意义。虽然北斗产业领域国家层面已出台了《国家卫星导航产业中长期发展规划》《关于促进信息消费扩大内需的若干意见》等政策规划，

但其立法层级较低，权威性、规范性、约束性尚显不够。做好北斗卫星导航政策法规建设工作既是形势所需，也是任务所迫。2016 年 3 月，国务院办公厅印发了《国务院 2016 年立法工作计划》，明确将《卫星导航条例》研究项目列为"有关实施国家安全战略，维护国家安全的立法项目"，由中央军委装备发展部负责起草，将北斗相关工作和管理活动正式纳入法治化轨道，确立了北斗系统作为国家空间基础设施的法律地位。11 月，《卫星导航条例》起草工作组第一次会议召开，围绕立法背景形势、前期研究情况、起草准备工作等进展进行了交流讨论，从基本思路、主要任务、支撑保障、计划安排等方面详细介绍了起草工作方案，提出了多项建设性意见，并再次强调了《条例》制定的重要性和紧迫性，对下一步起草工作进行了全面系统部署。该条例将是我国首部卫星导航领域的基本行政法规，不仅将填补我国在该领域的空白，而且对于规范我国卫星导航领域相关活动和工作，提高北斗系统法制化管理水平，推动北斗系统在国家各行业领域应用，促进北斗产业健康持续快速发展具有积极作用。此外，伴随着条例的出台，与导航定位相关的产业发展潜力也将得到极大释放。

二、《中国北斗卫星导航系统》白皮书发布，彰显了我国建设发展北斗系统的决心和信心

一直以来，我国高度重视并积极推动北斗系统建设和应用开发，不断优化产业环境，扩大应用规模。按照"三步走"战略，我国现已建成由 14 颗组网卫星和 32 个地面站天地一体组网运行的北斗二号系统，即将启动北斗三号卫星工程，加速向全球组网迈进。2016 年 6 月，在我国成功发射第 23 颗北斗导航卫星之际，国务院新闻办公室发布了我国卫星导航领域的首部白皮书——《中国北斗卫星导航系统》白皮书。白皮书阐述了北斗系统的发展理念：中国的北斗，世界的北斗，重申了北斗系统"三步走"发展战略，肯定了北斗事业发展成绩，勾勒了北斗应用蓝图，充分展示了我国公开、透明、开放建设和发展北斗系统的自信形象，以及建设世界一流卫星导航系统的决心。同时，白皮书的公开发布也有助于全球用户加深对北斗系统的了解、感知、体验，坚定用户使用北斗系统的信心。12 月，《2016 中国的航天》白皮

书又接连发布，提出，北斗导航等信息化、智能化技术得到广泛应用，北斗系统成为第三个面向国际航海应用的全球卫星导航系统；再次明确了未来五年卫星导航系统的发展思路，包括持续提升北斗二号系统服务性能，继续开展北斗全球系统建设，持续统筹推进北斗地基、星基增强系统建设等，体现了国家对北斗系统建设和发展的持续高度重视。除此之外，10月，移动智能终端技术创新与产业联盟北斗技术与应用委员会也发布了《移动智能终端北斗定位白皮书》（2016）。这是我国首部北斗终端应用白皮书，介绍了北斗系统的建设情况，分析了移动智能终端北斗定位发展现状、趋势及面临的挑战，提出了要以政策和标准为牵引，凝聚全产业链资源，形成合力，加速推进移动智能终端北斗导航和定位应用。该白皮书的发布将释放移动智能终端北斗定位应用市场空间，为逐步扭转北斗在移动智能终端卫星定位中的从属地位提供引导支撑，也为其他大众领域北斗应用发展提供参考借鉴。

三、多部国家战略纲要和发展规划提及北斗发展，体现了北斗在国家整体发展中的战略地位

北斗系统作为我国自主研发独立运行的全球卫星导航定位系统，既是国家安全的战略保障，也是国民经济社会发展的重要战略支柱。2016年是我国"十三五"开局之年，也是各行业领域发展规划密集发布的一年。作为战略性新兴产业的北斗卫星导航产业受到了国家持续关注，将其发展纳入国家发展战略纲要和系列规划之中，如《国家信息化发展战略纲要》《国家创新驱动发展战略纲要》《"十三五"国家信息化规划》《"十三五"国家战略性新兴产业发展规划》《"十三五"国家科技创新规划》等政策文件均有提及。其中，《国家信息化发展战略纲要》作为规范和指导未来10年我国信息化发展的纲领性文件，围绕空间设施能力提出，要统筹北斗卫星导航系统建设应用，推进北斗产业化和"走出去"进程。《国家创新驱动发展战略纲要》围绕北斗产业创新体系构建，提出要完善空间基础设施，推进卫星遥感、通信、导航和位置服务等技术开发应用，完善卫星应用创新链和产业链。《"十三五"国家信息化规划》强调要建设陆海空天一体化信息基础设施，持续推进北斗系统建设及应用，加快构建完善北斗导航定位基准站网，并将"北斗系统建设

应用"列为 12 项优先行动之一,围绕北斗建设应用、北斗核心技术突破、北斗产业化推进、卫星导航服务国际市场开拓四项重点工作展开部署。《"十三五"国家战略性新兴产业发展规划》将卫星及应用产业摆在了突出位置,针对基础设施建设,提出加快建设卫星导航空间和地面系统,建成北斗全球卫星导航系统,逐步形成高精度全球服务能力;针对卫星性能和技术水平,提出要突破高分辨率、高精度、高可靠性及综合探测等有效载荷技术;针对卫星全面应用,提出要统筹军民空间基础设施,完善数据共用共享机制,加快卫星遥感、卫星通信与卫星导航融合化应用,创新"卫星+"应用模式,推动"互联网+天基信息应用"深入发展。这些国家层面的战略规划对北斗产业发展做出了更具针对性的战略部署,充分体现了北斗系统在国家战略发展中的重要地位和作用。

四、交通、测绘、旅游、农业等北斗应用政策持续加码,推动了行业和大众应用加速落地

自 2014 年《关于组织开展北斗卫星导航产业重大应用示范发展专项的通知》印发后,农业部、交通运输部等纷纷把北斗推广应用纳入政策支持范畴,北斗产业重大应用示范取得了较好的进展,并积累了丰富的应用经验。目前,北斗已广泛应用于交通运输、测绘地理信息、海洋渔业、精准农业、大众旅游、减灾救灾等领域,并逐步向智能手机、车载终端、可穿戴式设备等大众应用领域渗透。2016 年,北斗在行业应用和大众应用领域的支持政策接连不断,推进北斗与国民经济各行业领域的融合走向深入。交通运输方面,国家发改委、交通运输部联合印发《推进"互联网+"便捷交通促进智能交通发展的实施方案》,提出"推广北斗卫星导航系统",包括加强全天候全天时高精度的定位、导航、授时等服务对车联网、船联网及自动驾驶等的基础支撑作用;支持北斗用户端产品进入汽车厂商前装市场,推动北斗模块成为车载导航设备和智能手机的标准配置;拓宽北斗在列车运行控制、船舶监管、车辆监管等方面的应用。国务院办公厅印发《关于促进通用航空业发展的指导意见》,强调推广应用北斗导航等新技术,研发适用我国低空空域通信、导航等服务需求的核心装备。国务院办公厅印发《关于转发国家发展改革委营造

良好市场环境推动交通物流融合发展实施方案的通知》，强调充分利用无线射频、卫星导航等技术手段，开展重点领域全程监管。国家发改委、交通运输部、住建部、国土资源部等联合发布《关于加强干线公路与城市道路有效衔接的指导意见》，提出要逐步探索北斗系统车载应用，研究开发利用北斗定位技术。测绘地理信息方面，《测绘地理信息事业"十三五"规划》《测绘地理信息科技发展"十三五"规划》《测绘地理信息标准化"十三五"规划》《卫星测绘"十三五"发展规划》等规划陆续发布，纷纷将北斗应用列入其支持范围。大众旅游方面，国务院印发《"十三五"旅游业发展规划》，鼓励服务商利用北斗系统智能服务平台提供自驾游线路导航、交通联系、安全救援、汽车维修保养等配套服务，完善公共服务体系。精准农业方面，农业部印发《"十三五"全国农业农村信息化发展规划》，提出"加快基于北斗系统的深松监测、自动测产、远程调度等作业的大中型农机物联网技术推广""加快推进北斗系统在农业农村中的应用"等。大众应用领域，工信部和国家发改委联合印发《智能硬件产业创新发展专项行动（2016—2018年)》，提出要推进北斗导航、智能操作系统、大数据等新一代信息技术在车载设备中的集成应用，提升智能车载产品有效供给能力。在这些行业政策的鼓励引导下，北斗产业下游应用将呈现加速趋势，北斗高精度应用服务潜力将不断被释放。

五、国际合作与交流务实开展，推动了北斗系统国际化步伐和全球卫星导航事业发展

北斗系统国际化发展是北斗系统建设发展的重点方向。近年来，随着我国"走出去"战略的实施，北斗国际化工作取得了阶段性进展，与俄罗斯、老挝、印度、泰国、巴基斯坦、印度尼西亚、阿盟、东盟等国家和组织在北斗技术交流、产品输出和教育培训等方面合作取得了一系列成果，很多项目落地实施。如我国与巴基斯坦已完成了国家位置网一期工程建设，二期工程建设正在磋商推进过程中；缅甸农、林等领域的土地规划和数据采集也广泛应用了我国北斗系统，为船舶管理部门、边防武警等提供服务。据不完全统计，截至2016年底，已与30余个国家、国际组织和空间机构签署了108份政府和政府部门间空间合作协定和谅解备忘录，建立了18个不同层级的双边或

多边合作机制，参与了 16 个航天国际组织开展的有关活动。2016 年 1 月，《中国对阿拉伯国家政策文件》发布，提出要进一步加深中阿航天合作，加快推进北斗卫星导航系统落地阿拉伯国家，服务"一带一路"。之后，又陆续签署了《中沙卫星导航领域合作谅解备忘录》《中阿卫星导航领域合作谅解备忘录》，就北斗卫星导航系统落地达成一致共识。10 月，在国际民航组织第 39 届大会上，我国提交了"北斗卫星导航系统进展与多频多星座 GNSS 应用"工作文件，向民航界提出了加快推进多模、多星座卫星导航应用的倡议，展示了北斗系统全球应用前景。随着北斗全球系统部署和"一带一路"倡议推进实施，北斗系统有望 2018 年率先在"一带一路"沿线国家和地区落地，为广大用户提供优质服务，不断提升我国国际话语权和影响力，为推动更宽领域、更大范围、更深层次的国际合作铺路。

表 22 - 1　2016 年国家层面北斗导航产业相关政策一览表

发布时间	颁布部门	政策文件
2016 年 5 月	中共中央、国务院	《国家创新驱动发展战略纲要》
2016 年 5 月	国务院办公厅	《国务院办公厅关于促进通用航空业发展的指导意见》
2016 年 6 月	国务院新闻办公室	《中国北斗卫星导航系统》白皮书
2016 年 6 月	国家发改委、交通运输部、住建部、国土资源部	《关于加强干线公路与城市道路有效衔接的指导意见》
2016 年 6 月	国家发改委	《营造良好市场环境推动交通物流融合发展实施方案》
2016 年 7 月	中共中央办公厅、国务院办公厅	《国家信息化发展战略纲要》
2016 年 7 月	国家发改委、交通运输部	《推进"互联网＋"便捷交通促进智能交通发展的实施方案》
2016 年 8 月	农业部	《"十三五"全国农业农村信息化发展规划》
2016 年 8 月	国家发改委、国家测绘地信局	《测绘地理信息事业"十三五"规划》
2016 年 9 月	工信部、国家发改委	《智能硬件产业创新发展专项行动（2016—2018 年)》
2016 年 10 月	国家测绘地理信息局	《测绘地理信息科技发展"十三五"规划》

发布时间	颁布部门	政策文件
2016 年 10 月	国防科工局、国家发改委	《关于加快推进"一带一路"空间信息走廊建设与应用的指导意见》
2016 年 11 月	国务院、中央军委	《中华人民共和国无线电管理条例》
2016 年 11 月	国务院	《"十三五"国家战略性新兴产业发展规划》
2016 年 11 月	国家测绘地信局	《测绘地理信息标准化"十三五"规划》
2016 年 12 月	国家测绘地信局	《卫星测绘"十三五"发展规划》
2016 年 12 月	国务院	《"十三五"国家信息化规划》
2016 年 12 月	国务院	《"十三五"旅游业发展规划》
2016 年 12 月	国务院新闻办公室	《2016 中国的航天》白皮书
2016 年 12 月	国务院新闻办公室	《中国交通运输发展》白皮书

资料来源：赛迪智库整理，2017 年 2 月。

第二节　地方层面北斗导航产业政策环境分析

一、地方发展北斗导航产业热情和信心不减

北斗卫星导航与位置服务产业庞大的市场不断吸引着我国地方政府的持续关注，2016 年，河南、广东、湖北、湖南等省份，结合行业领域"十三五"规划编制等工作，紧密融入国家重大发展战略，出台了一系列扶持北斗应用与产业发展的促进措施，政策的可操作性和落地性进一步增强，更加贴合地方发展需求。河南省为推进北斗导航产业实现跨越式发展，专门出台了《河南省北斗导航产业三年（2016—2018 年）发展行动计划》，明确了全省未来三年北斗导航产业发展目标，提出了要抓好国家北斗导航位置服务数据中心河南分中心项目、北斗（河南）信息综合服务平台项目两项基础工程；构建北斗导航军民融合研究院、河南省空间信息应用工程技术研究中心、河南省北斗导航产业联盟三个创新平台；建设河南北斗产业园、郑州航空港区北

斗智能终端产业园、信阳北斗卫星产业园三个产业园区；实施军民融合综合应用终端生产制造项目、北斗交通示范项目等十大市场前景好、辐射能力强的重点项目。为加快促进北斗卫星导航产业应用发展，广东省依据《国家卫星导航产业中长期发展规划》与广东省"十三五"规划纲要，编制印发了《关于推动卫星导航应用产业发展的指导意见》，提出加强基础设施建设、扩大北斗卫星导航系统应用示范、促进技术创新、提升北斗卫星芯片和终端产品制造水平、推动产业融合发展、扶持卫星导航企业做大做强等六项重点任务。地方政府除了专门出台北斗产业发展政策规划外，部分地方政府将北斗发展融入国家发展战略实施之中加以重点支持，如湖北省印发《关于推进工业稳增长调结构提升发展能力的实施意见》，提出要借助"中国制造2025"城市试点示范等手段，围绕北斗、航空航天装备等十大重点领域，培育细分市场"隐形冠军"。总体来看，地方政府推进北斗产业发展可借鉴的经验越来越丰富，相关支持政策也日渐趋于理性，北斗产业发展的整体政策环境正不断优化。

二、自主时空信息服务政策率先在广东省出台

以北斗系统所提供的时间和空间信息资源为基础，结合遥感、通信等多种卫星应用，兼容其他卫星导航系统，融合物联网、地理信息、移动互联网、大数据、云计算等多种新一代信息技术，实现多种数据资源整合集成，构建天空地一体化的自主时空信息服务体系，对于保障国家安全、推动信息服务业创新发展具有重要意义。近两年，将北斗产业发展提升至中国新时空服务高度加以推进已成为广泛共识。广东省作为我国电子信息产业大省，高度重视发展自主时空信息服务产业，并于2015年开始酝酿出台相关政策。2016年12月，广东省经信委公开发布了《广东省自主时空信息服务"十三五"规划》，以抢抓自主时空信息服务产业发展先机，发挥全省信息技术和产业领先优势，率先打造自主时空信息服务体系，培育发展新动能。《规划》围绕"培育自主时空信息服务产业，推进在重点行业和领域应用"这一主线，聚焦新产品、新模式、新业态、新生态，部署了六项重大任务：加强时空信息服务基础设施建设、推进以高精度为核心的技术攻关、完善信息服务生态链、着

力培育软硬结合的龙头企业、开展基于时空信息的各类应用服务、统筹产业合理布局发展；九大重点工程：时空信息服务平台建设工程、时空信息技术创新工程、公共服务能力提升工程、自主时空信息服务生态链提升工程、龙头企业培育工程、北斗智能移动终端应用工程、智能汽车和无人机应用工程、南海领域应用服务工程、基于北斗的数字"三防"时空信息服务平台工程。预计今后一段时间，时空信息服务概念将被更多地方所熟知，针对时空信息服务发展的政策或将接连出台，拉动北斗卫星导航与位置服务产业实现跨越式发展。

三、地方测绘地理信息发展规划纷纷将北斗列为发展重点

2016 年 8 月，国家发改委与国家测绘地理信息局联合印发《测绘地理信息事业"十三五"规划》，提出构建以北斗卫星及自主技术装备为主要支撑的现代测绘基准体系，完成北斗卫星导航定位基准站升级改造，建成 2500 个以上站点规模的全国卫星导航定位基准站网，形成覆盖全国的分米级实时位置服务能力；深入推进北斗系统应用，拓展测绘地理信息领域北斗系统业务范围、产品体系和服务模式；加快推进北斗卫星导航定位与地理信息的融合，支持发展以车联网、移动通信网络、互联网等为支撑，融合实时交通信息、移动通信基站信息等的综合化导航定位动态服务。黑龙江省、陕西省、浙江省、江西省、江苏省、湖北省等地主动对接并积极贯彻落实该规划部署要求，结合地方实际需求纷纷出台了相应政策。其中，《黑龙江省地理信息产业发展规划（2016—2020 年）》明确将卫星导航与位置服务应用列为其主要任务，提出："发展北斗导航定位产业，充分利用省内促进北斗导航与位置服务产业发展的相关优惠政策，加快北斗卫星导航系统在精准测量、精确定位和位置服务等方面的应用，积极承接政府主导投资的北斗卫星应用产业在重点行业、领域的应用示范工程，做好早期市场培育。引进北斗卫星数据软件和终端制造企业，支持北斗'产学研用'一体化研发、生产及应用服务，开发北斗产业链条的上游产品。完善包括数据获取、数据传输、信息融合和应用服务四大环节的卫星导航定位与遥感为核心的天地一体化信息产业链条。"《湖南省测绘地理信息"十三五"规划》也将"北斗 GNSS 基准站建设"列为其发展

目标，部署"卫星导航定位服务重大产业工程"，促进卫星导航定位服务与全省经济社会深度融合，推进北斗系统在各行业领域规模化应用。这些政策的出台将加快北斗系统在测绘地理信息产业领域落地应用，同时测绘地理信息产业发展也将反向拉动高精度卫星导航定位技术研发与应用，并为其他行业领域推广北斗高精度位置服务积累经验。

表 22-2　2016 年地方层面北斗导航产业相关政策一览表（部分）

发布时间	地区	政策文件
2016 年 1 月	四川省	《关于加快电子商务产业发展的实施意见》
2016 年 1 月	吉林省	《关于推进线上线下互动加快商贸流通创新发展转型升级的实施意见》
2016 年 3 月	湖北省	《湖北省关于做好 2016 年农机购置补贴实施工作的通知》
2016 年 4 月	浙江省	《浙江省测绘与地理信息事业"十三五"发展规划》
2016 年 5 月	河南省	《河南省北斗导航产业三年（2016—2018 年）发展行动计划》
2016 年 6 月	广东省	《关于推动卫星导航应用产业发展的指导意见》
2016 年 6 月	广东省	《关于加快应急产业发展的实施意见》
2016 年 7 月	陕西省	《陕西省测绘地理信息事业发展"十三五"规划纲要》
2016 年 9 月	湖南省	《湖南省测绘地理信息"十三五"规划》
2016 年 9 月	江苏省	《江苏省"十三五"测绘地理信息科技发展规划》
2016 年 11 月	黑龙江省	《黑龙江省地理信息产业发展规划（2016—2020 年）》
2016 年 11 月	江西省	《江西省测绘地理信息发展与应用"十三五"规划》
2016 年 11 月	湖北省	《湖北省测绘地理信息事业发展"十三五"规划》
2016 年 11 月	湖北省	《关于推进工业稳增长调结构提升发展能力的实施意见》
2016 年 11 月	天津市	《天津市测绘地理信息发展"十三五"规划》
2016 年 12 月	广东省	《广东省自主时空信息服务"十三五"规划》

资料来源：赛迪智库整理，2017 年 2 月。

第二十三章 2016年中国北斗导航 产业重点政策解析

2016年，北斗发展相关政策继续完善。其中，《中国北斗卫星导航系统》《2016中国的航天》等白皮书重磅发布，对北斗系统的建设和发展具有承前启后的作用，有利于加速北斗系统建设、发展、应用和国际化发展，助推北斗卫星导航产业的经济效益和社会效益的提升。《关于加快推进"一带一路"空间信息走廊建设与应用的指导意见》的发布，有利于发挥我国在轨和规划建设的空间技术资源优势，推动空间信息技术产业的市场化和国际化发展，加快推进国家"一带一路"建设工作顺利开展，进而带动更大范围、更深层次、更宽领域的国际合作，提升我国的国际话语权和影响力，塑造我国负责任大国形象。《卫星测绘"十三五"发展规划》《推进"互联网＋"便捷交通促进智能交通发展的实施方案》等政策的发布，将进一步推动北斗系统在测绘地理信息、交通运输等领域的推广应用。

第一节 《中国北斗卫星导航系统》白皮书

一、政策背景

北斗系统是我国着眼经济社会发展与国家安全需要，自主建设、独立运行的国家重要空间基础设施，致力于为全球用户提供全天候、全天时、稳定可靠、高精度的定位、导航和授时服务。我国高度重视北斗系统建设、发展与应用，将其列为国家科技重大专项重点加以推动。北斗系统按照"三步走"发展战略，已于2012年底面向亚太地区提供服务，成为世界上第三个正式投入服务的全球卫星导航系统。目前，北斗系统已在交通运输、测绘地理信息、海洋渔业、精细农业、应急救援等多个行业领域得到广泛应用，并加速向智能手机、平板电脑、车载导航、可穿戴设备等大众应用领域渗透拓展，取得了较好的经济效益和社会效益。

为加快推动建设世界一流卫星导航系统，更好满足经济社会发展和国家安全需求，深化国际交流与合作，提高北斗系统的综合应用效益，2016 年 6 月，国务院新闻办公室正式发布《中国北斗卫星导航系统》白皮书。

二、政策要点

白皮书包括前言、正文和结束语三个部分，其中正文包括五个章节，即发展目标与原则、持续建设和发展北斗系统、提供可靠安全的卫星导航服务、推动北斗系统应用与产业化发展、积极促进国际合作与交流。

在北斗系统建设和发展方面提出，始终立足于国情国力，坚持自主创新、分步建设、不断完善北斗系统。一是实施"三步走"发展战略。第一步，建设北斗一号系统；第二步，建设北斗二号系统；第三步，建设北斗全球系统。二是介绍北斗系统的基本组成，包括空间段、地面段和用户段三部分。三是介绍了北斗系统的发展特色，包括高轨卫星更多，抗遮挡能力强；提供多个频点的导航信号，提高服务精度；创新融合了导航与通信能力，具有导航、定位、授时、位置报告、短报文通信服务等五大功能。四是持续提升北斗系统性能，包括提供全球服务、增强服务能力、保持时空基准。

在卫星导航服务方面提出，承诺采取多项措施保障系统安全稳定运行，为用户免费提供连续、稳定、可靠的公开服务。一是保障北斗系统安全稳定运行。包括完善运行管理机制；建立监测评估网络；采取冗余备份手段等措施。二是提供免费的公开服务。目前，运行的北斗二号系统免费向亚太地区提供公开服务，其中定位精度优于 10 米，测速精度优于 0.2 米/秒，授时精度优于 50 纳秒。三是及时发布系统信息。包括发布北斗系统公开服务信号文件，为全球北斗应用设备产品研发提供输入；建立多渠道信息发布机制。四是保护卫星导航频谱使用。包括依法保护卫星导航频谱；坚决抵制有害干扰。

在北斗系统应用与产业化发展方面提出，积极培育北斗系统应用开发，打造完整北斗产业链，持续加强北斗产业保障体系、推进体系和创新体系，不断改善产业环境，扩大应用规模，提升卫星导航产业的经济效益和社会效益。一是构建产业保障体系。包括出台有关产业政策；营造公平的市场环境；加强标准化建设；构建产品质量体系；建设位置数据综合服务体系。二是构建产业应用推进体系。包括推行国家关键领域应用；推进行业/区域应用；引导大众应用。三是构建产业创新体系。包括加强基础产品研发；鼓励创新体系建设；促进产业融合发展。

在国际合作与交流方面提出，将持续推动北斗系统国际化发展，积极务实开展国际合作与交流，服务"一带一路"建设，促进全球卫星导航事业发展，让北斗系统更好地服务全球、造福人类。一是加强与其他卫星导航系统的兼容共用。二是按照国际规则合法使用频率轨位资源。三是持续推动北斗系统进入国际标准。四是积极参与国际卫星导航领域多边事务。五是大力推动卫星导航国际化应用，包括加强宣传普及、推动实施国际化工程。

三、政策解析

北斗系统白皮书是我国首部针对北斗卫星导航系统的白皮书，是我国政府发布的第100部白皮书，对于北斗系统建设、发展、应用和国际化都具有十分重要的意义。

一是体现了国家对北斗系统的高度重视和发展建设北斗系统的坚定信心。一方面，白皮书明确提出"中国高度重视北斗系统建设，将北斗系统列为国家科技重大专项，支撑国家创新发展战略""中国将坚定不移地实施北斗系统建设，不断提升系统性能，履行服务承诺"和"建设世界一流的卫星导航系统"，体现了我国对北斗系统的重视，彰显了我国对建设和发展北斗系统的自信和决心，表明了北斗系统探索走出了符合中国国情的发展道路——"先区域、后全球，先有源、后无源"。另一方面，白皮书提出"中国的北斗，世界的北斗""与其他卫星导航系统携手，与各个国家、地区和国际组织一起，共同推动全球卫星导航事业发展，让北斗系统更好地服务全球、造福人类"，表明了中国愿以积极开放的姿态与世界其他国家携手发展卫星导航系统。白皮书的发布，有助于世界各国进一步熟悉、了解并感知北斗系统，也有助于国内外用户坚定使用北斗系统的信心。

二是标志着国家对北斗事业及建设者们的肯定，也对北斗系统、北斗产业继续发展壮大寄予殷切希望。白皮书介绍了北斗系统的建设历程，阐释了我国北斗系统的发展理念——"中国的北斗，世界的北斗"，展示了北斗系统发展取得的阶段性成效和广阔前景，回应了国际社会对我国北斗系统建设发展的广泛关切，在我国北斗系统建设发展进程中具有里程碑意义。可以说，白皮书具有鲜明的时代性，既对过去一段时间我国北斗导航系统建设和发展总体状况做了系统总结，并给予了充分肯定，也对当前及今后一段时间北斗发展前景和方向重点做了前瞻性统筹和布局，为北斗系统的应用和产业化发展勾画了更好的蓝图。该白皮书对北斗系统的建设和发展具有承前启后的作用，有益于加速北斗系统的健康可持续发展，助推北斗卫星导航产业的经济效益和社会效益的提升。

三是有利于各部门各行业各地区统一认识、明确方向、科学决策。白皮书明确了下一步发展方向和重点，包括加快进入北斗三号卫星工程，实现全球覆盖；追求高可靠、连续、稳定运行，向全球用户提供可靠安全的导航服务；加大北斗系统的应用开发，推动产业链的完善；等等。对照白皮书，相关部门和企业可以找到差距，理顺发展思路。如在"推动北斗系统应用与产业化发展"部分，白皮书明确了供给侧和需求侧两个方面的着力点，提出要打造由北斗基础产品、应用终端、应用系统、运营服务构成的产业链，持续加强北斗产业保障体系、应用推进体系和创新体系，相关具体内容对于北斗有关政府部门、企业等主体进行布局，提高企业技术产品供给能力，创新商业模式满足应用需求等具有辅助决策的积极作用。

第二节　《2016 中国的航天》白皮书

一、政策背景

2016 年是中国航天事业创建 60 周年。我国政府将发展航天作为国家整体发展战略的重要组成部分，始终坚持为了和平目的探索、开发和利用外层空间。2011 年以来，中国航天事业快速发展，航天自主创新能力显著增强，进入空间能力实现跨越发展，空间基础设施持续不断完善，以载人航天、月球探测、北斗系统、高分系统等为代表的重大工程顺利推进，利用空间能力大幅提升，国际合作深化拓展。目前，我国已建立了完整配套的航天科研生产体系和种类齐全的航天产品体系，成为了航天大国。在新的发展时期，我国航天事业发展迎来了新的机遇和挑战，政府主动创新思路，于 2016 年明确将每年 4 月 24 日设立为"中国航天日"，以传承中国航天精神、激发创新热情。

在我国由航天大国向航天强国迈进的新历史时期，我国将继续加快推进航天事业发展，加快航天强国建设步伐，积极开展国际空间交流与合作，进一步增进国际社会对中国航天事业的了解，使航天创新成果在更广范围、更深层次、更高水平上增进人类福祉。为此，国务院新闻办公室于 2016 年 12 月发布《2016 中国的航天》白皮书。

二、政策要点

白皮书分为前言、正文和结束语三个部分，其中正文包括五个章节，即发展宗旨、愿景与原则，2011 年以来的主要进展，未来五年的主要任务，发展政策与措施，国际交流与合作。

发展愿景：从 10 个维度进行了阐述，具体包括全面建成航天强国，具备自主可控的创新发展能力、聚焦前沿的科学探索研究能力、强大持续的经济社会发展服务能力、有效可靠的国家安全保障能力、科学高效的现代治理能力、互利共赢的国际交流与合作能力，拥有先进开放的航天科技工业体系、稳定可靠的空间基础设施、开拓创新的人才队伍、深厚博大的航天精神，为实现中华民族伟大复兴的中国梦提供强大支撑，为人类文明进步作出积极贡献。

2011 年以来的主要进展：从九个方面介绍了取得的丰硕成果，包括航天运输系统、人造地球卫星、载人航天、深空探测、航天发射场、航天测控、空间应用、空间科学、空间碎片。其中，导航卫星建设领域，北斗二号系统全面建成，完成 14 颗北斗导航卫星发射组网，正式向亚太地区用户提供定位、测速、授时、广域差分和短报文通信服务；北斗全球系统建设正在顺利推进。导航卫星应用领域，北斗系统服务精度和可靠性大幅提高，构建形成自主可控、完整成熟的北斗产业链以及北斗产业保障、应用推进和创新三大体系，广泛应用于交通运输、海洋渔业、水文监测、气象预报、测绘地理信息、森林防火、通信时统、电力调度、救灾减灾、应急搜救等领域，逐步渗透到人类社会生产和人们生活的方方面面，为全球经济和社会发展注入新的活力。

未来五年的主要任务：从 10 个方面展开介绍，以推动空间科学、空间技术和空间应用全面发展，包括航天运输系统、空间基础设施、载人航天、深空探测、航天新技术试验、航天发射场、航天测控、空间应用、空间科学、空间环境。其中，在卫星导航系统领域，提出要持续提升北斗二号系统服务性能。继续开展北斗全球系统建设，计划于 2018 年面向"一带一路"沿线及周边国家提供基本服务；2020 年前后，完成 35 颗卫星发射组网，为全球用户提供服务；持续统筹推进北斗地基、星基增强系统建设，为各类用户提供更高精度、更为可靠的服务。

发展政策与措施：从 8 个层面提出了实施发展航天事业的政策与措施，包括科学部署各项航天活动、大幅提升航天创新能力、全面推动航天工业能力转型升级、加快发展卫星应用产业、着力加强法律法规体系建设、健全完善航天多元化投入体系、加快建设高水平航天人才队伍、大力开展航天科普教育。

国际交流与合作：从基础政策、2011 年以来的主要活动、未来五年重点合作领域三个角度来阐述。其中，卫星导航领域，2011 年以来，中国积极参与全球卫星导航系统国际委员会的相关活动，成功举办了第 7 届全球卫星导航系统国际委员会大会，积极务实推动北斗系统与其他卫星导航系统的兼容与互操作，推广并普及卫星导航技术，并与多个国家和地区开展卫星导航应用合作。未来五年，中国将围绕"一带一路"空间信息走廊建设等重点领域广泛开展国际空间交流与合作，包括对地观测、通信广播、导航定位等卫星研制、系统建设、产业化应用等。

三、政策解析

《2016 中国的航天》是 2000 年以来国务院新闻办公室发布的第四部航天白皮书，明确了航天发展宗旨与原则，肯定了 2011 年以来我国航天活动取得的进展，明确了未来五年的主要任务，制定了发展政策与措施，介绍了国际交流与合作相关情况等，内容越来越丰富。

第一，与前三部航天白皮书相比，在保持了连贯性和继承性的基础上作了进一步丰富和完善。其继承性主要体现在：内容框架结构上基本一致；发展航天事业的一贯宗旨保持不变；航天发展政策与国际合作交流政策方面也保持了一定连续性。其亮点主要体现在：首次提出建成航天强国这一发展愿景，并从创新发展能力、科学探索研究能力等 10 个维度做了描述。

第二，对未来五年航天发展的主要任务做了系统表述。重大工程方面，白皮书提出在继续实施好已有的载人航天、探月工程、北斗系统、高分系统四个重大工程之外，将启动实施一批新的、有影响力的重大科技项目和重大工程，进一步牵引我国航天事业的发展。在由航天大国加速向航天强国迈进的战略机遇期，航天发展思路也随之调整，由以往通过空间技术带动空间科学研究和空间应用推广，调整为通过空间科学和空间应用共同牵引推动空间技术创新发展，实现空间科学、空间技术、空间应用全面发展。

第三，坚持问题导向和目标导向相结合，进一步完善了航天发展政策与措施。白皮书针对航天技术发展瓶颈和短板，提出"实施强基工程"；针对航天经济效应亟待挖掘这一问题，提出"加强航天技术二次开发，推动航天科技成果转化应用"；针对航天立法薄弱这一问题，提出"加快推进以航天法立法为核心的法制航天建设"；针对高水平航天人才队伍建设这一重点和难点，提出利用"中国航天日""世界空间周""全国科技活动周"等平台，开展航天科普教育，吸引、培养和凝聚一批航天科技人才。可以看出，任务措施的针对性越来越强。

第四，坚持开放发展的原则，提出了新时期国际交流与合作的重点领域。如以"一带一路"空间信息走廊建设为重点，围绕对地观测、通信广播和导航定位等卫星研制、系统建设、应用产品开发等开展合作，完善空间信息走廊建设；在人才交流、法律法规建设等方面，要合作开展航天领域人员交流与培训，以及空间法律、空间政策、航天标准等研究。

第五，引导民间资本和社会力量参与航天活动，对我国商业航天发展具有积极推动作用。2016 年商业航天依然是世界航天大国关注的热点，我国各界也不例外，大力支持商业航天发展，努力探索走出一条中国特色的创新发展道路。2 月，航天科工火箭公司成立，致力于为国内外客户提供灵活、方便、快速、经济的商业航天卫星发射服务；9 月，第二届中国商业航天高峰论坛召开，来自国家有关部委、军队、地方政府，航天、金融、互联网等行业相关企业，科研院所和高等院校等领导和专家齐聚一堂，围绕商业航天发展政策、机制、模式等展开研讨，共商商业航天发展新思路；10 月，中国长征火箭有限公司成立，将依托中国运载火箭技术研究院的突出优势，结合多元客户的不同需求，在发射服务、空间资源利用、太空旅游领域提供个性化产品与服务，致力于打造一个开放、共享的商业航天生态圈。该白皮书中也对商业航天的有关政策有所阐述，即"进一步完善准入和退出机制，建立航天投资项目清单管理制度，鼓励引导民间资本和社会力量有序参与航天科研生产、空间基础设施建设、空间信息产品服务、卫星运营等航天活动，大力发展商业航天。推动政府与社会资本合作，完善政府购买航天产品与服务机制"。可见，国家对民间资本和社会力量有序参与航天活动持支持鼓励的态度，符合国际发展趋势。

第三节　《关于加快推进"一带一路"空间信息走廊建设与应用的指导意见》

一、政策背景

2015 年 3 月，国家发改委、外交部、商务部联合发布了《推动共建丝绸之路经济带和 21 世纪海上丝绸之路的愿景与行动》，将完善空中（卫星）信息通道列为合作重点。空间信息走廊建设与应用是"一带一路"建设工作确立的重点任务，也是推进"一带一路"建设的有力抓手。北斗系统作为我国自主建设、独立运行的卫星导航系统，是我国国家重要的空间基础设施，有利于促进地区安全和经济社会发展，符合"一带一路"沿线国家和地区的共同利益。多年来，我国始终坚持"自主、开放、兼容、渐进"的原则建设和发展北斗系统，积极与相关国际组织、其他卫星导航系统，开展全方位、多层次、高水平的国际合作和交流。受益于"一带一路"倡议，我国加快与沿线国家和地区开展国际合作，建立了良好的合作机制，为共商、共建、共享卫星导航增强系统，以及卫星导航技术海外应用推广奠定了良好基础。目前，北斗已和高铁一样，逐步成为新时期代表中国的国家名片和民族品牌。

为贯彻落实国家"一带一路"倡议，进一步发挥我国空间信息技术资源优势，推动空间信息产业市场化和国际化发展，依据国家推进"一带一路"建设有关要求及《国家民用空间基础设施中长期发展规划（2015—2025年)》，国防科工局与国家发改委于 2016 年 10 月联合印发了《关于加快推进"一带一路"空间信息走廊建设与应用的指导意见》（以下简称《意见》)。

二、政策要点

《意见》包括重要意义、总体要求、主要任务和组织保障四个部分。主要任务包括七个部分，具体如下。

一是提升"一带一路"空间信息覆盖能力。包括：第一，加速国家在轨和规划中的通信卫星、导航卫星及遥感卫星等国家民用空间基础设施建设和应用，构建起"一带一路"空间信息走廊基础架构，提升我国自主卫星系统服务保障能力。第二，加强与国际相关卫星系统合作。围绕宽带通信卫星网络、导航卫星增强系统、气象卫星、高分辨率卫星联合观测系统建设，建立"一带一路"协同机制，形成目标一致、标准统一的卫星服务系统。第三，积极推动商业卫星系统发展。不断探索政府引导下的市场运行新机制。鼓励商业化公司为各国政府和大众提供市场化服务。第四，完善空间信息地面应用服务设施。提高空间信息走廊的运行服务能力。第五，构建空间信息共享服务网络。具备面向社会公众、企业的空间信息服务扩展能力。

二是支撑我国企业"走出去"。包括：第一，助推铁路、水利水电、港口、信息通信等重点基础设施建设企业"走出去"。围绕相关领域，支持国家"一带一路"重大工程开展空间信息应用。第二，促进油气和矿产资源类企业及重大装备"走出去"。第三，支持现代服务业"走出去"。提供安全可控的通信保障和统一的时空基准服务助力金融保险企业"走出去"。发挥卫星通信覆盖、精确定位和大范围观测优势，支持传统电信企业和互联网企业开拓服务领域。

三是提供公共服务产品。包括：第一，搭建应急服务平台。依托"一带一路"空间信息走廊，建立空间信息跨国合作应急响应机制和服务网络，服务于国际人道主义救援、灾难预警、安全合作、反恐处突等公共事务。第二，完善海上空间信息保障。加快中国—东盟卫星应用信息中心建设，拓展服务区域，建立覆盖海上丝绸之路的"天空海"立体化的海上空间信息服务体系，提升多领域空间信息服务能力。第三，支持跨界河流沿线合作发展。以澜沧江—湄公河空间信息交流合作中心等项目实施为契机，推广使用高分卫星、北斗卫星和卫星数据采集系统等空间信息服务。第四，支持企业开展公共服务领域合作经营。积极支持空间信息服务企业与"一带一路"沿线国家展开合作，提供应急通信、位置服务、资源调查、环境生态监测、灾情监测与评估及空间信息综合服务平台等产品。

四是带动空间信息装备与服务出口。包括：积极支持整星出口；促进卫星关联产品及标准出口；鼓励运营服务及应用系统出口。

五是加强区域空间信息产业合作。包括：加强中亚、西亚、北非等区域空间信息产业合作；加强"21世纪海上丝绸之路"空间信息产业合作；推动航空物流空间信息服务示范；加强"空间信息＋"产业生态圈建设。

六是大幅度提高市场化、国际化水平。包括：第一，做大卫星运营服务企业。鼓励社会资本参与具有市场价值的空间基础设施建设与运营服务。第二，做强空间信息服务企业。鼓励社会资本参与建设并运营基于空间信息的行业和区域云数据中心，拓展"空间信息＋"增值服务产业发展空间。第三，加强空间信息成果共享服务。推进东盟、北非、南亚、西亚区域性空间信息应用推广计划实施，拓展空间信息在沿线国家位置服务、通信等多个领域应用的深度、广度和市场化程度。

七是促进空间信息科技合作与交流。包括：第一，共同支持空间信息相关科学前沿研究。建立空间技术与应用开放实验室，开展空间信息技术与服务的前沿方向研究。第二，联合开展地球综合观测相关领域科技攻关。面向"一带一路"沿线国家对地球空间信息与技术的需求，合作开展综合地球观测，围绕生态环境、水资源、气象等方面联合科技攻关，共同应对可持续发展、全球变化和重大灾害的挑战。第三，加强多层次沟通与交流。发挥相关学会、行业协会和产业联盟的作用，促进供需衔接。鼓励采取多种形式开展沟通与合作，促进卫星应用相关领域人才交流。

三、政策解析

《意见》的发布与实施意义重大，有利于发挥我国在轨和规划建设的空间技术资源优势，推动空间信息技术产业的市场化和国际化发展，加快推进国家"一带一路"建设工作顺利开展，进而带动更大范围、更深层次、更宽领域的国际合作，有力提升我国的国际话语权和影响力，塑造我国负责任大国形象。

第一，是对《推动共建丝绸之路经济带和 21 世纪海上丝绸之路的愿景与行动》《国家民用空间基础设施中长期发展规划（2015—2025 年)》等国家政策规划的集中贯彻落实。2016 年 4 月发布的《推动共建丝绸之路经济带和 21 世纪海上丝绸之路的愿景与行动》强调，完善空中（卫星）信息通道，2015 年发布的《国家民用空间基础设施中长期发展规划（2015—2025 年)》强调，合作开发空间基础设施应用产品和服务，大力拓展国际市场，服务我国"走出去"和"一带一路"倡议。该《意见》找到了空间信息与"一带一路"的有机契合点和内在作用机理，涉及的主要任务既可有效推动"一带一路"沿线国家空间信息技术合作、空间信息基础设施联通、信息共享共用和贸易畅通，为沿线国家安全和经济社会发展提供空间信息服务支持，也有助于拉动我国民用空间基础设施建设和提升空间信息技术应用的产业化和国际化水平。

第二，为推动北斗系统走向世界奠定基础，也为推进"一带一路"陆海空通道网络建设提供借鉴示范。"中国的北斗，世界的北斗"是我国建设和发展北斗系统的理念。按照北斗系统全球组网建设计划，2018 年，北斗将率先为"一带一路"沿线及周边国家提供基本服务，2020 年，将完成 35 颗卫星发射组网，形成全球服务能力。目前，北斗系统正处于从区域卫星导航系统向全球卫星导航体系迈进的关键过渡阶段，《意见》发布将是实现最终目标的奠基石和催化剂，通过让"一带一路"沿线国家和人民切身使用并感受北斗系统的特色和优势，可以进一步积累国际化发展经验，在实践检验基础上通过各国合作努力有针对性地提高北斗系统的可靠性和服务性能，增强我国企业"走出去"的国际竞争力，为北斗系统向全球布局拓展奠定坚实基础，让北斗系统能更好地服务全球、造福人类。同时，"一带一路"空间信息走廊建设与应用的推进，也可为"一带一路"陆海空通道网络的建设起到先进示范作用，将可复制、可推广的国际合作经验运用于其他高技术领域，助推其"走出去"。

第三，有利于全方位提高社会资本参与度。2015年10月，国务院发布《国家民用空间基础设施中长期发展规划（2015—2025）》，强调支持民间资本开展增值产品开发、运营服务和产业化推广。《意见》再次拓展了社会资本参与领域，围绕卫星系统建设提出，"支持以企业为主体、市场为导向的商业航天发展新模式，通过政府和社会资本合作模式等多种模式鼓励社会和国际商业投资建设商业卫星和技术试验卫星"；围绕基础设施建设和运营服务提出，鼓励社会资本参与具有市场价值的高分卫星、移动通信卫星星座、数据采集卫星星座等设施建设与运营服务；围绕空间信息应用提出，鼓励社会资本参与建设并运营基于空间信息的行业和区域云数据中心；围绕卫星发射提出，研究探索建立民用卫星发射场的可行性，鼓励社会资本参与空间信息走廊建设与运行服务；围绕资金支持提出，研究鼓励社会资本采取市场化方式主导建立"一带一路"空间信息走廊建设应用基金；等等。这些内容更加坚定了社会资本进入空间信息领域、服务"一带一路"建设的信心。此外，通过鼓励社会资本的进入，形成多元化创新投资体系，放大我国航天体制内技术积累的社会价值的同时，让社会资本也能共享"一带一路"空间信息走廊建设与应用带来的利益。未来，在更多社会资本参与的环境下，我国空间信息产业商业化发展进程或将加快，并逐步探索出一条符合我国国情的商业航天发展之路。

第四节　《卫星测绘"十三五"发展规划》

一、政策背景

卫星测绘是基于各类测绘卫星获取地理信息、提供地理信息服务的重要手段，其能力和应用服务水平是国家对地观测能力的直接反映。目前，从国际来看，卫星测绘快速发展，卫星性能持续提升，应用水平和商业模式不断创新升级。我国卫星测绘工作近年来也取得了长足进展，卫星性能提升和应用成效显著，不断缩小与国际先进水平的差距。与此同时，也要清醒地看到，我国卫星测绘工作仍存在诸多挑战和问题，如卫星应用系统整体能力不足、制度和标准尚不完善、应用服务广度深度不够、国际化进程缓慢等。"十三五"是我国卫星测绘工作加速推进的重要时期，需要抓住机遇，重点发力推进测绘卫星体系建设，健全完善卫星测绘应用工作体制机制，全面推动测绘地理信息事业改革创新发展。

为进一步提升卫星测绘应用和服务能力，统筹推进"一星多用、多星组网、多网协同"的测绘卫星体系建设，开创卫星测绘工作新局面，国家测绘地理信息局根据《中华人民共和国国民经济和社会发展第十三个五年规划纲要》《全国基础测绘中长期规划纲要（2015—2030年）》《国家民用空间基础设施中长期发展规划（2015—2025年）》《测绘地理信息事业"十三五"规划》等，结合我国卫星测绘发展实际，于2016年12月编制印发了《卫星测绘"十三五"发展规划》（以下简称《规划》）。

二、政策要点

《规划》明确了"十三五"乃至今后一段时期我国卫星测绘工作推进的指导思想、基本原则、发展目标、重点任务和保障措施，为我国卫星测绘健康持续发展指明了思路，为建设测绘强国奠定坚实的政策基础。

《规划》结合我国测绘地理信息事业发展的实际需要，提出了五项重点任务，具体如下：

一是完善卫星测绘政策标准体系。包括：第一，加强卫星测绘应用政策制定。研究建立卫星测绘数据知识产权保护和管理办法。进一步优化我国民用遥感卫星测绘数据业务化运营、商业化服务和国际化发展的政策环境。第二，完善军民融合的卫星测绘发展机制。贯彻落实《关于经济建设和国防建设融合发展的意见》，建立军民融合的卫星测绘发展机制，逐步构建平战兼容兼顾、军地互利互赢的军民卫星测绘协作框架。加强军民卫星测绘数据资源共享和科技协同创新，建立应急测绘保障协调、重大测绘项目协作和科技成果军民两用双向转移共享三大机制。第三，加强卫星测绘应用标准体系建设。将北斗应用标准体系建设纳入测绘地理信息标准化"十三五"规划，研究建立北斗应用标准体系框架，着力推进行业应用急需、共性和基础性标准的制修订。

二是建设卫星测绘对地观测体系。包括：第一，构建0.7—2米分辨率光学测绘卫星星座。围绕推进新型基础测绘、地理国情监测、航空航天遥感测绘、全球地理信息资源开发、应急测绘这"五大业务"和地理信息产业发展需求，加快发展1∶5万和1∶1万光学立体测绘卫星，加快高分七号卫星工程实施，积极推进资源三号03和04星、高分七号业务星的立项。第二，发展干涉雷达卫星。第三，建设其他测绘卫星。

三是完善卫星测绘应用技术体系。包括：第一，开展星地一体化指标论证与仿真验证，加快推进新型测绘遥感卫星的指标论证与立项实施。第二，开展国产高分辨率遥感卫星几何检校技术研究，提升高分辨率卫星的业务化几何检校能力和对国产高分辨率遥感卫星业务化检校及几何校正处理能力。第三，加强多星多载荷遥感数据综合处理技术研究。研发多星多载荷多时相遥感数据的协同测绘处理技术，以及其软硬件一体化测图系统。研究高分辨率光学卫星辐射处理技术和海量遥感影像数据管理与挖掘技术。第四，完善测绘卫星数据产品监管和质量监督检验技术，实现快速、准确及高度自动化的测绘卫星数据质量检查与评价能力。加强卫星连续运行参考站建设监管、北斗导航与定位服务产品质量检测与监管技术研究，建立权威的地图导航定位产品质量综合测评体系。第五，加强测绘遥感卫星和北斗导航卫星应用技术研究。开展基于北斗的动态时空基准构建、动态高精度定位、局域/广域差分定位等技术研究。加快推进高精度高动态时空基准信息应用服务、室内外无缝定位服务和智能位置服务等应用研究。

四是形成卫星测绘产品体系。包括：第一，完善卫星测绘应用系统建设与运行。第二，构建面向多星多载荷的卫星测绘产品体系。第三，建设标准化几何空间信息产品数据库。第四，开发面向测绘及相关行业应用的新型服务产品。第五，研发省级和重点城市卫星测绘应用系统。

五是构建卫星测绘服务体系。包括：第一，推进国产测绘卫星为重大战略和重大工程服务。结合"一带一路"沿线国家和地区的实际需求，深度挖掘和推广北斗卫星应用。第二，推动国产测绘卫星公益性应用和商业化服务。结合国家"双创"和"互联网＋"行动计划，研究主动服务、智能服务和"一站式"服务等服务模式，搭建卫星测绘增值服务平台，推进面向产业和公众的卫星测绘增值服务。第三，建立新型卫星测绘保障服务模式。打造"1＋31＋X"测绘卫星影像云服务平台。第四，构建卫星测绘全球化服务网络。建设测绘遥感卫星数据中心、共享网络等平台，扩大全球数据覆盖，推进国产测绘遥感卫星数据的全球化接收与服务。建立全球化的卫星测绘遥感数据产品销售与技术服务网络，推进形成卫星测绘全球化应用服务体系。第五，提高北斗地面应用服务能力。加快推进现有国家卫星导航连续运行基准站网改造，开展"一带一路"沿线国家和地区的北斗导航卫星地面站建设，增强北斗应用和全球化服务能力。研发全国性、高精度的位置数据综合服务系统，为各类用户提供综合性的位置数据综合服务。开展卫星导航领域的国际合作，鼓励在境外合作建立北斗卫星导航研发中心和服务网络，鼓励国外企业开发利用北斗卫星系统，大力开拓国际市场。

三、政策解析

《规划》系统部署了"十三五"及今后一个时期卫星测绘工作的五大重点任务，对于加快测绘卫星体系建设，提升卫星测绘应用和服务水平，推进测绘地理信息事业改革创新发展，推动测绘地理信息技术和应用更广泛地融入经济社会发展主战场具有重要意义。

第一，《规划》实现了与《测绘地理信息事业"十三五"规划》的上下衔接。《测绘地理信息事业"十三五"规划》作为"十三五"时期测绘地理信息事业发展纲领性文件，明确提出要促进卫星测绘应用的深度和广度。该《规划》的编制实施强化了与国家相关政策的紧密结合，切实保障了《测绘地理信息事业"十三五"规划》任务的有效落实，对于全面提升测绘地理信息服务能力和水平具有积极推动意义。

第二，《规划》积极体现创新、协调、开放、共享的发展理念，主动融入创新驱动、军民融合等国家重大战略。创新发展方面，提出"创新驱动，自主发展"的原则，加强制度创新、产品创新、管理创新和服务创新，增强支撑卫星测绘未来发展的核心竞争力，持续释放卫星测绘应用发展活力，推动创新成果尽快转化为生产力。协调发展方面，提出贯彻落实《关于经济建设和国防建设融合发展的意见》，完善军民融合的卫星测绘发展机制，包括军民测绘分工协作、信息共享、应急联动等机制等。开放发展方面，提出推进全球地理信息资源建设，为"一带一路""走出去"等国家重大发展战略提供地理信息支撑保障，逐步形成国产测绘卫星服务全球地理信息资源建设的能力。共享发展方面，提出紧扣地理信息产业对卫星测绘应用的迫切需求，加快发展多样化测绘卫星，建立健全卫星数据共建共享机制，倡导产学研用联合共建研发基地和创新平台，共同服务于地理信息产业发展壮大。

第三，有助于提振北斗系统民用化发展。卫星测绘主要以国产高分辨率测绘遥感卫星和北斗卫星为主。卫星测绘事业的发展离不开高精度北斗卫星导航系统的建设，"十二五"期间，我国统筹建成2200多个站组成的全国卫星导航定位基准站网，基本形成了覆盖全国的卫星导航定位基准服务系统。"十三五"期间，《测绘地理信息事业"十三五"规划》提出"统筹建成2500个以上站点规模的全国卫星导航定位基准站网，陆海一体的现代测绘基准体系进一步完善"的目标。对此，《规划》也做了系列部署，如围绕政策标准体系提出，要将北斗应用标准体系的建设纳入我国测绘地理信息标准化建设规划，研究建立北斗应用标准体系框架；围绕应用技术体系提出，加强北斗导航与定位服务产品质量检测和监管技术研究，以及基于北斗的动态时空基准构建、动态高精度定位和局域/广域差分定位等技术研究等；围绕服务体系提出，结合"一带一路"沿线国家和地区的实际需求，开展北斗导航卫星地面站建设，深度挖掘和推广北斗卫星应用，增强北斗全球化服务能力。这些重点任务的部署实施，对于深入推进北斗系统应用，加快北斗卫星导航定位与地理信息的融合，拓展测绘地理信息领域北斗系统的业务范围、产品体系和服务模式，推进北斗卫星在地理测绘领域的推广应用进程具有积极意义。

第五节　《推进"互联网＋"便捷交通促进智能交通发展的实施方案》

一、政策背景

交通与互联网融合发展，有利于实现供需双方交通信息高效精准对接，优化资源配置、方便旅客出行，提升交通运输服务效率及交通治理能力。近年来，移动互联网等新技术快速融入到交通运输领域，互联网技术、产业与交通融合取得了积极进展，网络约车、互联网停车等新业态快速兴起和发展，为人们提供了更加多样化、个性化、高质量的出行服务。但是也要看到，在政策环境、基础条件、技术支撑、市场应用等方面仍存在诸多制约，难以满足发展智能交通、探索新模式、培育新业态的需要。

为更好地抓住智能交通发展新机遇，贯彻落实《国务院关于积极推进"互联网＋"行动的指导意见》，因势利导，促进交通与互联网更广范围、更深层次融合，推动交通信息化、智能化发展，国家发改委和交通运输部于2016年7月联合发布了《推进"互联网＋"便捷交通促进智能交通发展的实施方案》（以下简称《方案》）。

二、政策要点

《方案》综合考虑了智能交通领域的应用需求和先进技术发展趋势，明确了交通智能化发展的指导思想、基本原则、实施目标等总体要求，提出要构建完善"三系统、两支撑"的智能交通体系，并营造宽松有序发展环境，明确了即将实施的27项"互联网＋"便捷交通重点示范项目。

"三系统"包括从用户和提高服务效率角度提出的"完善智能运输服务系

统"，从企业和提高运行效率角度提出的"构建智能运行管理系统"，从政府和提升决策管理水平角度提出的"健全智能决策支持系统"；"两支撑"包括硬件层面的"加强智能交通基础设施支撑"和软件层面的"全面强化标准和技术支撑"。具体要点如下：

完善智能运输服务系统方面，提出打造"畅行中国"信息服务；实现"一站式"票务支付；进高速公路不停车收费（ETC）系统拓展应用；推广北斗卫星导航系统；推动运输企业与互联网企业融合发展。其中，推广北斗系统方面强调，推动各种全球卫星导航系统在交通运输行业兼容与互操作。加强全天候、全天时、高精度的定位、导航、授时等服务对车联网、船联网以及自动驾驶等的基础支撑作用。鼓励汽车厂商前装北斗用户端产品，推动北斗模块成为车载导航设备和智能手机的标准配置，拓宽在列车运行控制、车辆监管、船舶监管等方面的应用，更好服务于旅客出行、现代物流和旅游休闲等。

构建智能运行管理系统方面，提出完善交通管理控制系统；提升装备和载运工具自动化水平；推进旅客联程联运和货物多式联运。针对北斗应用提出，建设智慧海事，基于国家北斗地基增强系统和星基船舶自动识别系统，建设重点船舶全程跟踪和协同监管平台。

健全智能决策支持系统方面，提出建设安全监管应急救援系统和完善决策管理支持系统两大任务。

加强智能交通基础设施支撑方面，提出建设先进感知监测系统；构建下一代交通信息基础网络；强化交通运输信息开放共享。

全面强化标准和技术支撑方面，提出制定完善技术标准；积极研发和应用智能交通先进技术；大力推动智能交通产业化。针对北斗卫星导航技术创新及应用，提出推动高精度的地图、定位导航等关键技术研发；在航海领域推广应用北斗卫星导航系统提高船舶定位精度；完善陆基导航的设施和布局，满足仪表运行和基于性能的导航运行需求，逐步推动从陆基导航向星基导航过渡；发展空中导航、空中防撞、机场地图和交通信息显示等先进航电技术。

营造宽松有序发展环境方面，提出构建公平有序市场环境；推动信用信息双向对接；创新行业监管方式；健全网络安全保障体系；完善相关法律法规。

"互联网＋"便捷交通重点示范项目实施方面，围绕基础设施、功能应用、线上线下对接、政企合作、新业态、典型城市等多个领域，形成了27项重点示范项目。

三、政策解析

《方案》坚持问题导向和目标导向相结合，政策内容具有很强的针对性、前瞻性和指导性，将为我国交通发展现代化、信息化和智能化提供有力支撑。

第一，准确把握了"互联网＋"便捷交通与智能交通之间的内在关系。"互联网＋"便捷交通与智能交通既各有侧重又密切相通。"互联网＋"便捷交通是通过互联网这一创新成果与交通运输行业的深度融合，实现供需双方交通信息高效、精准对接，达到旅客便捷出行和货物高效运输，为我国交通发展现代化提供有力支撑。"互联网＋"便捷交通更多强调的是以互联网为信息基础设施和创新要素的多元化交通运输服务，以及公众角度获取优质服务的满足感。智能交通侧重先进技术方法在交通运输系统的全面应用，以优化智能运输服务系统、智能运行管理系统、智能决策支持系统等。两者侧重点虽有所不同，但全程实时信息服务与移动支付等"互联网＋"便捷交通的相关内容，也属于智能交通的范畴。"互联网＋"便捷交通是促进智能交通发展的路径之一。《方案》基于"互联网＋"便捷交通与智能交通的相通性，提出了以"互联网＋"便捷交通为切入点推动智能交通发展，进而实现交通发展现代化的路径。

第二，研究提出了新时期"三系统、两支撑"的智能交通体系框架。2000年前后，我国曾围绕公路和城市交通领域提出国家智能交通体系框架，其对民航、铁路、水运等交通运输方式涉及较少，对各种运输方式之间的协同联动也缺少关注。同时，伴随着大数据、云计算、物联网、移动互联网、卫星导航等新技术的发展应用，以及人工智能等技术的逐步成熟，"互联网＋"交通新业态、新模式不断涌现，原有智能交通体系框架已不能适应新时期我国信息技术和交通运输发展形势，亟须更新与完善。在此背景下，《方案》应运而生，并提出了逐步构建"三系统、两支撑"的智能交通体系。该智能交通体系是新时期我国借助"互联网＋"推进智能交通的有益探索与尝试，是基于现阶段的技术发展水平提出的，未来仍需不断接受实践检验并加以调整完善。

第三，有助于北斗卫星导航系统在交通运输行业的推广应用。实际上，在国家北斗行业应用示范推动下，北斗卫星导航系统已率先应用于交通运输领域，覆盖汽车制造业、车载信息服务商，以及面向智能交通的设备制造业及服务商。据悉，目前我国装载了北斗导航系统的交通运输车辆约有380万辆。《方案》再次明确鼓励和支持北斗在交通领域的应用，提出"推广北斗卫星导航系统"，强调推动全球卫星导航系统在交通运输行业的兼容与互操作；加强全天候全天时高精度的卫星定位、导航、授时等服务对车联网、船联网、自动驾驶等的基础支撑作用；鼓励汽车厂商前装北斗用户端产品，推动北斗模块成为车载导航设备和智能手机的标准配置，拓展在列车运行控制、车辆监管、船舶监管等方面的应用，更好服务于旅客出行、现代物流和旅游休闲等。这些政策内容对于北斗产业链各个环节发展具有鼓励引导作用。

热 点 篇

第二十四章　2016年北斗卫星
导航产业热点事件

2016年是我国"十三五"规划的开局之年，北斗导航产业作为典型的军民融合产业，在习近平总书记确立的军民融合国家战略实施带动上，整体推进力度进一步加大。全年，北斗导航系统在技术攻关、产业应用、国际化服务、文化传播等方面全面开花、大放异彩，诸多热点问题上均取得了不俗成绩，如国家科学技术进步奖励授予北斗二号卫星工程，高精度定位国际化服务启动，《移动智能终端北斗定位白皮书》首次发布，北斗信息安全领域军民融合协同创新平台成立，"中国航天日"正式设立。

第一节　北斗二号卫星工程荣获2016年度
国家科学技术进步奖特等奖，
实现了国际卫星导航领域多个首创

一、热点事件

2016年1月9日，国家科学技术进步奖励大会在北京人民大会堂隆重召开，国家科学技术进步奖是国家为了奖励技术研究、技术开发、技术创新、推广应用先进科学技术成果、促进高新技术产业化，以及完成重大科学技术工程、计划等过程中作出创造性贡献的中国公民和组织而设立的国家级的奖励大会。2016年度，北斗二号卫星工程获得了代表最高荣誉的国家科学技术进步特等奖。北斗二号卫星工程自2014年立项以来，经历了8年的研发，上万名科研工作者和上百家单位的共同努力，开创了多个国内和国际航天领域的第一，在中国特色的发展道路上书写了浓墨重彩的一笔。

20世纪后期，科学家钱学森向中央提出《建立中国国防航空工业的意见》，标志着我国航天事业起航。经历了几十年的探索，在卫星导航领域，我国探索出了一条适合国情的系统发展之路，形成了"三步走"的发展战略，从1994年启动建设北斗一号系统工程开始，到2004年启动北斗二号系统工程，到2020年前后计划完成卫星组网建设，作为承上启下重要作用的北斗二号系统工程，肩负着技术创新，服务对象进一步扩大的重要使命，此次荣获国家科学技术进步特等奖是对北斗二号工程的服务内容、面向对象、我国及周边国家的经济带动作用的重大肯定，同时是对北斗二号卫星导航系统在我国社会发展、国家安全保障以及战略利益的重要支持。

作为我国科技重大专项确立的重要内容之一，北斗二号卫星工程的多项指标都达到了国际同期先进水平。卫星导航系统是国家重要空间基础设施，国际上有四大卫星导航系统，我国自主研发、独立运行的卫星导航系统就是其中之一，与美国的GPS、俄罗斯的格洛纳斯、欧盟的伽利略系统并列。我国自主研发的北斗卫星导航系统创造了四个世界第一：第一个多功能融为一体的区域卫星导航系统、第一个与国际先进系统同台竞技的航天系统、第一个面向大众和国际用户服务的空间信息基础设施、第一个复杂星座组网的航天系统。

二、热点评述

（一）北斗二号导航卫星在产业发展过程中承上启下的关键作用得到进一步肯定

作为重要的战略支持和社会资源，卫星导航系统都是国家关键性的空间基础设施。全球有四大卫星导航系统，作为其中之一的北斗卫星导航系统是我国自主研发且独立运行的，基于国家安全和经济发展的基本着眼点，北斗卫星导航系统自建设以来逐步形成了"三步走"的发展策略。北斗二号导航卫星是"三步走"中的第二步，在兼容北斗发展一步走中北斗一号技术的基础上，增加无源定位，从为国内用户提供服务拓展到为亚太地区用户提供定位、短报文通信等服务，为完成2018年服务"一带一路"的目标提供坚实基础。国家科学技术进步特等奖作为国家最高科技奖项对于北斗二号导航卫星的认可，一方面给予了科研人员对过去工作和成果的肯定，另一方面，也能够多方面激励整个团队为北斗系统的发展付出激情和不懈的努力。

（二）推动国家高新技术自主创新研发进程，为建设航天强国奠定坚实基础

我国的航天事业起步较晚，相比西方发达国家有一定的差距，在很多北斗卫星导航系统的关键核心技术上更是受到国外知识技术保护的极大限制，这迫使我国在发展关键技术上必须要填补技术空白，突破创新壁垒，实现特别是铷星载原子钟等核心元件的国产化。经历了我国科研人员的不懈努力，我国自行研制的铷原子钟与美国 GPS 系统的同期性能指标相当，实现了北斗卫星的产业化应用，在北斗系统发展过程中起到了关键性作用。对精度、小型化、寿命、可靠性和卫星环境适应性的研究取得系统化成果，对提升我国原子钟和空间技术水平起到重要作用。北斗二号卫星导航系统力争在最少卫星数量的基础上，实现区域内最优的定位导航功能，同时作为我国第一个面向社会和世界服务的空间信息基础设施，尤其是在对周边国家免费提供数据信息服务以来，得到了优良的数据反馈和参数指标。不但实现了多卫星同时生产，高密度发射的技术突破，同时也使得航天产品的传统生产方式得以改进，让我国从根本上摆脱了对国外技术的依赖，提升了航天卫星导航定位技术的核心竞争力，并成为联合国认证的四大核心供应商之一。

（三）促进北斗产业链的强化和发展，充分促进产业融合和对社会经济的辐射带动作用

北斗卫星导航产业在军事、民用、科技等方面构成了庞大产业链，是重要的战略性新兴产业。北斗产业链现阶段主要包含上游天线、芯片等产品；中游手持、车载、船载型以及结合各行业具体规模应用的综合型终端；下游系统的集成和运营。我国积极推动北斗系统应用与产业化发展，打造由基础产品、应用终端、应用系统和运营服务构成的北斗产业链，提升卫星导航产业的经济和社会效益。我国也可以因此彻底掌握时空基准控制权，卫星导航产业发展主动权，国际规则制定话语权，为经济发展、社会进步和国家安全提供坚定支持。

第二节　北斗地基增强系统正式提供服务，
开启北斗高精度位置服务新篇章

一、热点事件

为了提高卫星导航定位的精度，除依靠北斗导航的卫星定位之外，建立地面跟踪站的需求越来越迫切，以确保在动态范围内为需要提供高精度定位的运输等设备提供服务。北斗地基增强系统就是利用多基站网络 RTK 技术建立的连续运行卫星定位服务综合系统（Continuously Operating Reference Stations，CORS），它包含一个或若干个固定的、连续运行的参考站，利用现代计算机、数据通信和互联网（LAN/WAN）技术组成的网络，实时地向不同类型、不同需求、不同层次的用户自动地提供经过检验的不同类型的北斗观测值（载波相位，伪距）、各种改正数、状态信息以及其他有关北斗服务项目。随着科技的发展，卫星定位的需求向大范围、高精度等方向不断提出更高的要求，传统的 GPS 导航和北斗导航，都会一定程度上受到空间环境、大气状态等因素的影响，定位的精度难以保证，因此，北斗地基增强系统修正卫星定位的功劳变得越来越重要。

北斗地基增强系统由五个部分组成，其中包括基准站网、数据处理中心、数据传输系统、定位导航数据播发系统、用户应用系统，各基准站与监控分析中心通过数据传输系统连接成一体，形成专用网络，系统由兵器工业集团建设，首次大规模使用自主产权的高精度接收机、天线、数据交换机等核心组成部件。在不断的实际应用中，同时对各个组成部分的性能指标进行摸索和修正，促进我国卫星导航相关技术的迅速提高，缩小与国际领先水平的距离。随着卫星导航技术的发展，北斗地基增强系统，即北斗 CORS 系统已经遍布全国并且几乎覆盖了我国的所有领土。

二、热点评述

（一）完善空间数据基础设施建设，大幅度提高北斗卫星定位精度指标，满足不同用户的使用需求

随着信息化社会的发展，"空间数据基础设施"成为经济进步、知识发展必备的基础设施，北斗地基增强系统作为其中重要的组成可以对位置以及时间信息变化进行捕捉记录，提供重要数据参考。大数据时代，城市规划、环境监测、交通运输等各方面的需求都对快速定位、实时导航等要求提出了进一步的指标，地基增强系统作为基础设施能够提供定位更快速、更高精度的空间数据，是提高数据可靠性和精度的有力保证。

（二）推动北斗产业链和产业化进程，促进从上游产品到下游终端的协调发展

北斗卫星导航产业是基于我国自主研发的北斗卫星导航系统，在军事、民用、科技等方面形成的庞大产业链，是我国未来重要战略性新兴产业。我国积极推动动北斗系统应用与产业化发展，打造由基础产品、应用终端、应用系统和运营服务构成的北斗产业链，提升卫星导航产业的经济和社会效益。目前北斗产业链条主要包括：上游的天线、芯片、板卡等产品；中游的手持型、车载型、船载型以及结合各行业具体应用的综合型终端，品类已初具规模；下游的系统集成和运营服务业已在数据采集、监测、监控、指挥调度和军事等各领域。截至 2016 年 10 月，北斗导航型基带、射频芯片/模块销量突破 2800 万片，测量型高精度板卡销量近 14 万套，导航天线 400 万套，高精度天线销量超过 60 万套，应用于移动通信芯片的国产自主卫星导航 IP 核数量近 1800 万。

第三节 《移动智能终端北斗定位白皮书》（2016）发布，加快移动终端集成卫星导航功能及其产业链发展总体进程

一、热点事件

2016 年 10 月 28 日，"2016 移动智能终端峰会"召开，会上发布了 2016 《移动智能终端北斗定位白皮书》，移动智能终端技术创新与产业联盟的这一举措，使得高精度定位服务生态系统的智能终端化应用建设得到进一步推动。随着智能终端的使用率逐步提高，预计其市场占有率将占有绝对的主导地位，其中，我国自主研发的芯片终端数量历史性地突破了 1000 万，北斗的渗透率更是达到了 25%。随着相关企业的一系列政策，例如取消高精度地图的收费政策，向汽车企业提供免费自动驾驶高精度地图数据，涉及移动终端以及卫星定位服务企业的强强联合等，《移动智能终端北斗定位白皮书》的发布对移动终端的可用性、成本、定位速度等性能指标均提出了进一步的发展要求，包括器件、天线等在内的硬件设施以及算法等在内的软件设施等都需要向着高精度、广普及的发展方向努力。同时，白皮书提出了智能手机今后发展在定位方面功能的配置标准以及定位精度亚米级的更高要求，力争尽快完成 A－北斗国际标准。

二、热点评述

（一）导航芯片自主创新发展迅速，北斗产业提高芯片终端产业发展话语权

智能移动终端在定位中的需求为快速响应、节约耗电量、城市和密集区域的高精度定位，目前国内专业的导航芯片厂商多为集中度很高的多合一芯片，在移动终端领域发挥越来越重要的作用。对与核心部件芯片，从制造方面来说，需要经芯片设计、晶圆生产、芯片封装和芯片测试等环节。长期以

来，我国在全球芯片产业链上处在较低端的层面，国内制造商的芯片存在粗糙、高成本的缺陷，同时过于追求实现国产化导致芯片产业发展方面过于急于求成，理解不够透彻。北斗卫星导航中长期发展规划等纲领性文件的出台极大程度的鼓励了整个产业链的发展，通过一定的扶持措施和强制政策，保证了芯片产业的发展动力。除此之外，全社会不容行业领域对北斗导航终端的依赖愈发明显，强制安装北斗航航终端也极大地促进了北斗导航行业应用。专项补贴、研发经费的支持都将有利于示范工程和大众市场的全面扩大。

（二）供给端和需求端协调平衡发展，大众消费成为北斗产业发展新热点

智能终端从数量上和经济收益上计算，都是比重最高的卫星导航应用终端，超过了总体收入的50%。从2016年第一季度我国手机进网检测数据种看出，申请进网的610款手机中，包含定位功能的就有478款，占总体的78.4%。在需求端角度，智能终端的高精度定位需求已经成为重要发展方向，除此之外，消减地域地形限制，提高城市地区、建筑密集地区的定位性能，将高精度定位向手机上迁移的同时做到控制成本、提高反应时间，是需求端发展的主要方向。在供给端角度看，提供高精度的导航服务，从硬件和软件上综合提高定位精度、控制成本功耗是必然的发展趋势。北斗产业化过程中，智能终端的发展在行业层面带动经济和社会效益，其中大众应用逐步发展为北斗产业新兴增长点。

第四节　首个北斗信息安全领域军民融合协同创新平台成立，拉开卫星导航事业人才、技术、资源等全方位立体产业创新发展序幕

一、热点事件

2016年8月26日，中国首个北斗信息安全领域军民融合协同创新平台，即长沙北斗产业安全技术研究院在长沙揭牌成立。此前，在5月举办的第七届中国卫星导航学术年会上，中国工程院院士谭述森创新地提出了"北斗信

息安全"的概念，引起了行业内巨大的反响。北斗信息安全领域军民融合协同创新平台力争通过对接政府、专家、科研和资本四大资源，在北斗信息安全领域技术和研究成果的应用基础上，打造集高端人才聚集、专业人才培养、军民融合发展、技术协同创新、资源开放共享及创新成果产业孵化等于一体的科技协同创新平台。

二、热点评述

（一）打造国家级协同创新平台，完善产业示范区功能，提高技术发展和人才培养水平

我国自主研发的北斗卫星导航系统在安全可控方面如何实现更进一步的技术支持，在军民融合国家战略的大方向下如何推动产业的产业化应用等一系列问题，在北斗系统如火如荼发展的过程中也对我们提出了进一步的挑战，我国首个北斗信息安全领域军民融合协同创新平台的成立，力争解决相关问题，在短期内立足长沙、服务北斗、根基国内、走向世界，建设国家级协同创新平台，推动北斗产业形成千亿级产业集群。依托于国防科技大学，军民融合发展可以充分利用北斗产业系统级核心技术、核心成果和领军人才等资源，联合众多北斗导航企业，提高核心技术研发能力和建设运营能力，发挥产业优势。建成北斗导航系统技术研究和应用以及产业发展示范区，计划到2020年，形成一个新的千亿级产业集群。

（二）促进信息产业集群发展，满足国家战略需求，发挥军民融合的领头羊作用

北斗信息产业逐渐摆脱原来的所谓"小、散、乱、低"即"规模小、布局散、市场乱、水平低"的产业瓶颈，成为国家战略性新兴产业的经济增长点，在推进"一带一路""军民融合""空间信息走廊"发展大工程中起到了关键作用，也是中国发展时间和空间服务的重要组成。在过去的五年里，北斗产业的年产值从不足1000亿元人民币增加到2100多亿元；含有北斗功能的终端年销售量从不足10万台跨越增长至两亿多台；车载前装市场GNSS终端销量从每年数十万台增加到近700万台，其中带北斗功能的大约占70%—80%。在全面推动北斗产业发展过程中，要全面实现标配化和全球化进程，

在多领域打造中国北斗军民融合服务品牌价值。

第五节　首个"中国航天日"设立，唱响
全民建设航天强国创新发展主旋律

一、热点事件

经国务院批准，自 2016 年起，将每年的 4 月 24 日设立为"中国航天日"。之所以确立 4 月 24 日为"中国航天日"，有着深厚的历史背景，早在 1970 年 4 月 24 日这一天，"东方红一号"就作为新中国的第一颗人造地球卫星成功发射，是中国航天事业发展历史进程中具有突破性、创新性和奠基性的里程碑。在中共中央总书记、国家主席、中央军委主席习近平提出的"发展航天事业、建设航天强国"的主旋律指引下，"中国航天日"的设立对于中国航天事业有着重要的纪念价值和历史意义。随着我国经济的飞速发展，国民生活水平的日益提高，高新技术产业，尤其是航空航天领域的发展得到了国家以及社会的广泛重视，航天梦是几代航天人一直追求的动力源泉，为了能够让更多的人参与到弘扬航天精神的队伍中，激发全民的创新追求、普及航天科学知识成为中国和平参与外层空间利用的基调。今后的发展过程中，各级部门将力争将"中国航天日"打造成航天事业进步、航天强国发展的重要平台和载体，将普及航天知识、激励科学探索、培植创新文化的重要使命赋予这个重要的日子并辐射开来，使航天精神的传承和全世界对中国航天的关注开始新的纪元。

二、热点评述

（一）增强"十三五"期间中国航天事业全民参与创新发展的推动力

2016 年是"十三五"规划的第一年，在北斗产业迅速发展的过程中，航天日的设立具有深远的意义，标志着我国航天事业跨越式的里程碑进步。美国太空政策研究院前院长约翰·劳斯顿曾说过："一个国家对航天知识的普及

程度，代表着这个国家的发展进步水平。"航天事业推动科技进步，也服务经济社会发展，看似距离普通民众遥远的航天事业，实际上对于每个人都有着切实利益都发挥着重要的作用。目前，中国空间应用广泛服务于经济建设和社会发展各个领域，以高分、风云、海洋、资源为代表的遥感卫星，在农业、林业、国土、测绘、水利、住建、环保、减灾、交通、气象、海洋等领域得到广泛应用，通信卫星形成了稳定高效的商业化运作模式，导航定位卫星步入了产业化的发展轨道。

（二）传承我国航天精神，打开世界了解中国航天窗口

2016 年首个"中国航天日"中，一系列的文化活动充分调动了民众认识航天精神，参与航天事业的积极性，极大地发挥了传承的光芒，使得中华民族的航天精神生生不息、发扬光大。在习近平总书记提出实现中国梦以来，民众在各个领域的积极性得到了极大的调动，尤其是航天梦在助力实现中国梦的过程中，中国力量、中国精神在特色社会主义道路上一路前行。同时，创新发展是中国航天的发展史上最浓墨重彩的一笔，中国自力更生、创新发展的文化精神通过航天日在民众中得到弘扬，为未来的发展奠定了坚实的群众基础。开放共享是信息化社会的一大特点，航天工程是个复杂且庞大的工程，一定程度上需要国际合作，"中国航天日"作为世界了解中国航天的窗口，可以为进一步加强互利合作提供契机。

展 望 篇

第二十五章　全球卫星导航产业发展趋势

2016 年，美国 GPS（全球定位系统）、俄罗斯 GLONASS（格洛纳斯）、欧盟 Galileo（伽利略）以及中国北斗卫星导航系统等全球四大卫星导航系统（GNSS）发展亮点纷呈，市场需求逐步释放，产业发展进入平稳增长期。2017 年，美欧俄等将继续加快全球卫星导航系统卫星星座和地面系统等的部署建设和更新换代，并凭借其成熟的技术、人才、资本等优势，引领全球卫星导航应用产业发展；我国北斗系统国际化发展步伐也有望加快，与 GPS、GLONASS、Galileo 三大系统的竞争将更趋激烈，全球卫星导航市场规模将在各国竞争和合作中继续延续稳步发展态势。

第一节　发展趋势

一、GNSS 部署和建设将进入新的拐点

2016 年，四大全球卫星导航系统的卫星星座和地面系统等基础设施更新换代和建设进入新的阶段。美国发射了第 12 颗 GPS－2F 卫星，实现了 GPS－2F 卫星全部部署，完成 GPS 现代化改进计划第二阶段的任务；美空军授予洛－马公司第 5 和第 6 颗下一代全球定位系统卫星（GPS III 卫星）生产合同，以替换老化的在轨 GPS 卫星，全面提高性能满足军民商用户不断增长的需求。据悉，GPS III 首颗卫星将于 2017 年内发射，该卫星的准确率将提高 3 倍；抗干扰力提高 8 倍；寿命比之前的批次提高 25%；首次使用新型 L1C 民用信号，用于使其能与其他全球导航卫星系统兼容操作。俄罗斯陆续发射了两颗格洛纳斯－M 卫星，改进了星钟和天线部分；第三代导航卫星格洛纳斯－K 首颗

业务星正式服役，设计寿命提高到10—12年，增加首个码分多址民用信号L3OC，星载时钟稳定度更高。欧洲发射两批6颗伽利略全球导航卫星，实现初始运行能力。预计2017年，全球导航卫星系统在各类定位技术中仍将保持核心地位，四大全球卫星定位系统的国际竞争将更加激烈，美欧等发达国家和地区将继续发力加快全球卫星导航系统建设部署，以保持其在卫星导航定位领域的领先优势，并助推其夺取全球时空信息主导权；我国北斗全球系统也将持续建设和发展，2017年预计发射6—8颗北斗卫星，加快为全球用户提供连续稳定可靠的服务。

二、GNSS 多系统兼容产品成为国际市场主流

多系统兼容芯片凭借其抗干扰、高输出率等特点，可实现高精度GNSS仪器小型化，这对于无人机、车道级导航、GIS信息采集、农机自动驾驶等对设备体积、性能、功耗和成本有较高要求的领域的多模多频高精度定位定向专业应用，具有重要意义。世界上卫星导航芯片和接收机领域的龙头制造商纷纷将GNSS设备设计成能够集成多个全球卫星导航系统的产品，全球GNSS芯片组和接收机领域多系统兼容共用趋势更趋明显。欧洲全球导航卫星系统局（GSA）2016年发布的《全球导航卫星系统用户技术报告》显示，当前市场中近65%的芯片组和模块支持多系统兼容运行，大众市场接收机和高精度专业接收机是多系统兼容技术的领先板块，其中约30%的接收机能使用4种现有的全球卫星导航系统。预计几年后，100%的新产品将都能支持多系统兼容互操作运行。目前，伽利略系统和北斗系统也逐步被国际行业领先的制造商所接纳，与GPS或GLONASS兼容的北斗兼容机在我国汽车前装、高精度应用、智能手机、泛在位置服务等方面不断取得突破。可以预见，随着国际合作交流的逐步加深，未来与其他卫星导航系统的兼容共用产品将成为卫星导航定位市场上的标配产品。

三、高精度位置服务解决方案继续引领 GNSS 市场发展

随着全球卫星导航系统建设的不断完善，国际市场需求的持续增长，芯片小型化、低能耗、低成本、高精度，以及接收机的多系统兼容化发展，全

球卫星导航系统应用和产业化发展将进入新阶段，行业市场、大众市场和特殊市场三大应用市场发展将呈现不同特点。《全球导航卫星系统用户技术报告》显示，对于运输行业，一方面占据重要地位的汽车、海事、航空业等传统行业将继续由既有行业主导者引领革新，另一方面自动驾驶等新应用领域有望涌现新参与者；对于大众市场，芯片组和接收机的供应链十分稳固，未来将由世界上少数几个龙头企业引领创新；对于航空等与安全攸关的领域，规模化使用全球导航卫星定位接收机尚需时日，需要在新技术通过验证、新标准或新规定通过国际标准认定之后方可投入应用；对于高精度、授时和资产管理方面，供应商一般从事多种专业领域。同时，该报告还指出，支持频率方面，30% 的接收机使用多个频率，且大多为高精度频率；鉴于市场普适性需求，预计自动化所需的高精度和完整性方面的需求将继续增加，双频率解决方案的接受采用率将增长。随着 GNSS 渗透率的增长、市场对高精度需求的增加、芯片技术的发展，以及多传感器的融合，高精度导航定位能力将不断提高，高精度位置服务产品将不断面世，高精度位置服务模式将不断创新，推动着位置服务领域 GNSS 快速增长。

第二节　发展预测

美国、欧洲等全球卫星导航系统应用市场逐渐走向成熟，市场规模增速放缓，但发展前景仍十分广阔。据 GSA 测算，2022 年，全球 GNSS 民用拓展市场规模将达到 4460 亿美元，年均复合增长率约 7%。参考 GSA 及其他研究机构预测数据，赛迪智库测算，2016 年，全球 GNSS 拓展市场规模约 2800 亿美元，2017 年，将达到 3000 亿美元左右。

图 25 –1 全球 GNSS 拓展市场规模预测

资料来源：欧洲全球导航卫星系统局，赛迪智库，2017 年 2 月。

第二十六章 2017 年中国北斗导航产业发展形势展望

展望 2017 年，北斗系统将开始逐步进入覆盖全球、服务全球计划阶段。政策规划方面，《卫星导航条例》起草工作将加快推进，国家层面各行业部门促进北斗应用与产业化发展的有关政策有望继续加码，地方层面北斗导航产业发展相关政策红利将持续释放，相关规划也将持续落地。产业发展方面，北斗行业示范应用将进一步挖掘和拓展，产品同质化、低端化发展将引起重视，高精度定位技术创新应用仍是各界关注焦点，跨界融合也仍将是北斗卫星导航产业发展的重要方向。地方发展方面，政府在推进北斗产业发展上将逐步回归理性。国际合作和交流方面，北斗系统国际化发展将持续推动，"一带一路"倡议的深入实施将加速北斗系统走出国门。

第一节 发展趋势

一、法规标准规范等产业保障环境将持续优化

从近几年出台的北斗有关政策文件可以看出，国家和地方层面扶持北斗产业发展的态度毫不动摇，政策覆盖面越来越广，立法层级越来越高。可以预见，作为国之重器，北斗导航产业仍将是未来政策扶持的重要产业，北斗发展也将迎来更加良好的法治环境。第一，国家卫星导航领域的基本法规《卫星导航条例》起草工作将稳步推进，北斗系统法制化管理值得期待，法律地位的逐步确立也将更加坚定各地区各行业各部门推动北斗应用及产业发展的信心。第二，以航天法立法为核心的法制航天建设将加快推进。按照

《2016中国的航天》白皮书要求，今后一段时间，除了继续加快航天法立法外，也要研究制定空间数据与应用管理条例和宇航产品与技术出口管理条例等法规，为航天强国建设提供有力法制保障。第三，国家部门与地方政府支持北斗应用与产业化发展的有关政策有望继续加码。按照《中国北斗卫星导航系统》白皮书关于"构建产业保障体系"的部署要求，国家和地方层面有望继续出台有关产业政策，全国北斗卫星导航标准化技术委员会将持续加强标准化建设，着力推进基础、共性、急需标准的制定和修订，推动标准验证与实施，建立并完善北斗卫星导航标准体系。如《关于在行业推广应用北斗卫星导航系统的指导意见（送审稿）》已于2016年底获得交通运输部原则通过，有望于2017年出台。第四，前期政策红利将逐步释放，政策实施效果渐现。2017年是"十三五"规划贯彻落实的重要一年，各项政策规划将加快落地，北斗产业凭借其庞大的辐射带动力、强劲的政策扶持和巨大的市场需求空间，将越发引起投资界、产业界的重视。

二、高精度定位技术创新及应用仍是各界关注焦点

高精度定位代表着未来位置服务的方向，是卫星导航与位置服务产业链中游的终端集成和系统集成环节的高附加值因素，也是北斗系统与GPS差异化竞争的关键。近两年，高精度定位技术及应用产业化已成为卫星导航领域国际发展热点和国内各界关注焦点，高精度基础设施陆续建设，高精度板卡、终端不断推陈出新，高精度行业应用解决方案不断创新。目前，测绘地理信息、无人机、位移监测、精细农业等领域已开展应用，移动智能终端领域应用探索也已然起步，如2016年谷歌在I/O大会上宣布下一代安卓N操作系统将支持GNSS原始观测量输出的API接口，有望为在移动智能终端上支持高精度卫星定位提供一个窗口。高精度技术及应用已不再是遥不可及，其条件和基础正逐步成熟。首先，随着覆盖全国的北斗地基增强框架基准站网的建成及投入运行，北斗终端的定位精度将大幅度提高、达到厘米级，灵敏度和定位速度等指标也将得以提高，北斗系统服务质量随之将不断提升，逐步满足政府、行业和大众对北斗高精度定位应用需求，创造与GPS差异化的服务优势，加速推进北斗应用与产业化；其次，2020年计划建成的"鸿雁星座"全

球低轨卫星星座通信系统，不仅可为用户提供全球实时数据通信与综合信息服务，而且其导航增强功能也可为北斗增强系统提供信息播发通道，提高北斗定位精度；最后，2016 年发射的天宫二号搭载的全球第一台空间冷原子钟，有望大幅提升北斗定位精度，缩小与 GPS 之间的差距。据悉，此冷原子钟的稳定度将高达 10 的 −16 次方，可将航天器自主守时精度提高两个数量级，避开大气、电离层等多变状态的影响，使基于冷原子钟授时的全球卫星导航系统具有更加稳定且精确的运行能力。此外，全国和区域高精度卫星导航、定位、授时服务运营服务平台的建设，也将催生一系列新型的商业模式、商业机会，带动整个位置服务产业的革命性变化。预计 2017 年底，高精度位置服务平台用户量将达到千万量级和日调用服务 10 亿次以上。随着技术水平不断提升、高精度位置服务应用解决方案和快速定位系列产品价格持续下降，北斗卫星导航应用领域将进一步扩大。

三、跨界融合是北斗卫星导航产业发展的重要方向

"互联网＋"时代，北斗系统作为空天地一体化的信息基础设施，与物联网、大数据、云计算、移动互联网、智慧城市等新一代信息技术产业的跨界融合趋势越来越明显，逐步成为培育北斗产业发展新动能、拉动北斗经济快速增长的重要抓手。2016 年，北斗与物联网、智慧城市跨界融合取得了显著进展。在智慧交通、城市燃气、城镇供热、供水排水、电力电网、智慧养老等多个行业对北斗精准服务的迫切需求牵引下，国家北斗精准服务网建立，并逐步为 317 座城市的相关行业应用提供精准服务，有效推动了智慧城市基础设施建设和管理的优化和完善，全面实现北斗的"百城百联"。在跨界融合已成共识的背景下，《"十三五"国家战略性新兴产业发展规划》明确提出加快卫星遥感、卫星通信与卫星导航融合化应用，利用移动互联网、物联网等新技术，创新"卫星＋"应用模式；推动"互联网＋天基信息应用"深入发展，积极打造空间信息消费全新产业链和商业模式。相关领域专家认为，在国家信息化战略推进实施的"十三五"时期，"三融合"仍将是北斗发展的重要方向，一是"融网络"，即通过推动北斗系统与蓝牙、有限互联网、宽带移动互联网、卫星通信网等的融合，实现"北斗地基增强网＋高精度位置服

务网＋宽带移动互联网"的互联互通，使北斗时空信息能够传输更快、位置更精、用法更巧、图像更清；二是"融数据"，即通过"北斗卫星导航系统＋高精度遥感数字地图＋导航网格码＋云计算平台"的融合发展，提升北斗时空数据的应用价值；三是"融终端"，即通过推动"北斗导航＋卫星通信＋无线局域网＋移动通信"一体化芯片研发，打造多功能融合的智能手机、平板电脑、可穿戴产品等信息终端产品。通过跨界融合，以北斗为基础的中国新时空服务体系将更加务实，逐步实现与新一代信息技术产业集群的联动发展。

四、地方北斗产业发展有望逐步脱虚入实回归理性

早在2014年，北斗产业同质化、低端化发展就已初露端倪，卫星导航定位专家指出"全国有上千家北斗导航企业，企业用北斗的牌子圈地，向政府申请项目和经费"。在庞大的市场需求驱动下，各省市纷纷出台北斗支持政策，一度掀起了北斗产业园建设热潮。目前，国内已有50余个北斗产业园区。很多地方并没有考虑当地技术、经济和社会发展的实际情况，甚至没有经过严格论证和考察分析就盲目上项目、建园区。从地方政府出台的政策文件上看，部分无发展基础和经验的地区设定的北斗产业发展目标远大且模糊，难以实现和考核。如某地提出要大规模建设高精度北斗智能手机和平板电脑及车载终端生产制造项目，但是近期要想在这些终端实现高精度定位，仍然面临着器件成本、天线、终端体积、实现方案、算法复杂度、标准、产业模式构建等一系列技术和挑战。从各地北斗产业园发展效果来看，某些产业园长时间未开发处于停滞状态，某些园区改弦易辙，不再以北斗产业为主导。北斗产业发展的泡沫引起了国家和地方越来越多的重视，部分地区已开始寻求解决办法，如在规划北斗产业发展时，从以往建设北斗产业园向建立北斗研究院演进，从产业集群向科技和模式创新拓展，重点围绕北斗技术研发、产品持续、检测检验、高精度位置服务、商业模式创新等开展业务活动。近两年来，全国各地建立的与北斗相关的研究院达10余家，重点分布在北京、深圳、天津、长沙、武汉等电子信息、空间信息等基础好的城市，如我国首个北斗信息安全领域军民融合协同创新平台——长沙北斗产业安全技术研究院在长沙建立。这种趋势向外界传递了一个积极的信号，表明地方政府在推

进北斗产业发展上正逐步回归理性，符合国家创新驱动发展战略、军民融合发展战略等的部署，也符合国家提出的"产业政策要准、微观政策要活、改革政策要实"的要求，还符合北斗卫星导航产业强调技术引领和开放性服务的特性。

五、"一带一路"倡议实施将加速北斗系统走出国门

按照"三步走"战略，目前北斗系统建设已走完前两步，形成了覆盖亚太地区的服务能力，北斗二号系统性能与其他卫星导航系统相当，为后续全球系统建设及全球化服务应用奠定了坚实基础。目前，我国已与巴基斯坦、泰国、阿盟、东盟等国家和国际组织，在科学研究、技术交流、宣传培训、产品输出等方面开展了系列合作，并深度参与国际卫星导航组织活动，探索建立海外运营机制，积极融入国际标准，逐步形成了政府引导、各方参与的国际合作模式。随着 2016 年《推动共建丝绸之路经济带和 21 世纪海上丝绸之路的愿景与行动》和《关于加快推进"一带一路"空间信息走廊建设与应用的指导意见》的接连发布，北斗技术、产品和服务"走出去"步伐将加快。实际上，毗邻东南亚的部分边境省市和"一带一路"沿线的部分省市已行动起来，将推动北斗产业"走出去"纳入当地发展规划之中。《中国北斗卫星导航系统》白皮书显示，计划 2018 年，面向"一带一路"沿线及周边国家提供基本服务；2020 年前后，完成 35 颗卫星发射组网，为全球用户提供服务。近期，中国卫星导航系统管理办公室表示，我国将于 2018 年前后完成大约18 颗全球组网卫星发射，接下来两年将是我国北斗卫星密集发射期，"一带一路"沿线国家和地区的北斗卫星导航地基增强系统建设步伐也将随之加快。在"一带一路"倡议深入实施、国家政策大力推动和国内外市场需求牵引下，北斗应用的产业化、市场化和国际化深度与广度都将得到大幅度提升，北斗应用市场潜力也将得到极大释放，并与其他全球卫星导航系统携手，与各个国家、地区和国际组织一道，共同分担使命与责任，推动全球卫星导航事业发展，让北斗系统更好地服务全球经济科技发展和国家安全。

第二节　发展预测

一、我国卫星导航产业总体规模测算

2016年7月，中国卫星导航定位协会发布的《2015年度中国卫星导航与位置服务产业发展白皮书》显示，2015年我国卫星导航与位置服务产业总体保持高速发展态势，产业总产值达到1735亿元，同比增长29.2%。《国家卫星导航产业中长期发展规划》提到，到2020年我国卫星导航产业规模超过4000亿元。据此测算，2016—2020年的年均复合增长率约18%，2017年我国卫星导航产业产值将达到2400亿元左右；若根据2006—2015年数据添加趋势线，2017年我国卫星导航产业产值规模也在2400亿元左右。但是该预测产值是在未考虑其他因素干扰的情况下得出的，需要对此进行修正完善。

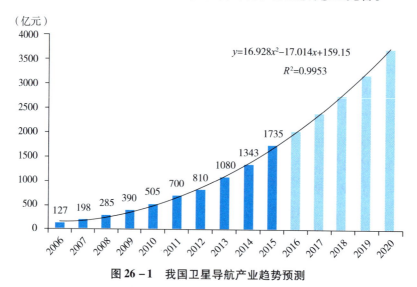

图26-1　我国卫星导航产业趋势预测

资料来源：中国卫星导航定位协会，赛迪智库，2017年2月。

我们对2017年及未来一段时期我国卫星导航产业发展形势作出如下分析判断。国家卫星导航领域的基本法规《卫星导航条例》将加快研究起草步伐，2017年初，中国卫星导航系统管理办公室在网上公开征求社会各界对卫星导航立法的意见和建议，预计 2018 年前后，该条例将出台。届时，我国卫星导航产业发展将获得法律法规保障，对于我国卫星导航产业规模高速增长具有极大的促进作用。加之，我国信息基础设施重大工程建设方案的落地、北斗全球系统建设的加速，以及空间段、地面段和用户段的逐步推进完善和国内外市场应用需求的爆发，我国卫星导航产业规模将在 2018 年出现较大增长，到 2020 年，我国卫星导航产业规模或将远超 4000 亿元。参考各研究机构预测和数据，赛迪智库测算，2016 年，我国卫星导航产业产值约 2200 亿元，2017 年，产值有望达到 2600 亿元左右，同比增长 18%。预计到 2020 年，我国卫星导航产业产值将超过 4600 亿元。

图 26-2　我国卫星导航产业规模

资料来源：赛迪智库，2017 年 2 月。

二、北斗卫星导航产业规模测算

2016 年，中国卫星导航系统管理办公室负责人表示，2015 年，北斗系统直接或相关的产业总产值达 100 亿美元左右（约 650 亿元）。《国家卫星导航产业中长期发展规划》提出，到 2020 年，我国卫星导航产业规模超过 4000 亿元，北斗卫星导航系统及其兼容产品对国内卫星导航应用市场的贡献率达到 60%，重要应用领域达到 80% 以上。据此保守测算，要达到预期要求的 60% 贡献率，2016—2020 年的年均复合增长率约 30%。

参考相关研究机构预测数据，结合对 2016 北斗系统发展现状及 2017 年形势预判，赛迪智库测算，2016 年，我国北斗卫星导航产业规模约 1000 亿元，2017 年将达到 1350 亿元，同比增长 35%。到 2020 年，该产值将超过 3000 亿元，占全国卫星导航产业规模 70% 左右。

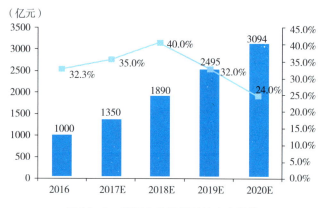

图 26 – 3　我国北斗卫星导航产业规模

资料来源：赛迪智库，2017 年 2 月。

后 记

《2016—2017 年中国北斗导航产业发展蓝皮书》是在我国北斗卫星导航系统步入全球组网和北斗卫星导航产业持续深入发展的背景下，由中国电子信息产业发展研究院赛迪智库军民结合研究所撰写完成，本书旨在为中央及各级地方政府、相关企业及研究人员把握产业发展脉络、研判北斗卫星导航产业前沿趋势提供参考。

本书由樊会文担任主编。全书主要分为综合篇、产业链篇、行业篇、区域篇、企业篇、政策篇、热点篇和展望篇，各篇章撰写人员如下：李宏伟负责书稿的框架设计，张力撰写综合篇、产业链篇，贺昕撰写行业篇，赵汉青撰写区域篇，刘洋撰写企业篇和热点篇，杨少鲜撰写政策篇和展望篇，李宏伟、杨少鲜修改定稿。

本书撰写过程中得到了工业和信息化部相关领导、卫星导航领域专家的悉心指导和大力支持，在此一并表示诚挚的感谢。

本书虽经过研究人员和专家的严谨思考和不懈努力，但由于能力和水平所限，疏漏和不足之处在所难免，敬请广大读者和专家批评指正。同时，希望本书的出版能为我国北斗卫星导航产业的健康持续发展提供有力支撑。

赛迪智库

面向政府　服务决策

思想，还是思想
　才使我们与众不同

《赛迪专报》　　　　《两化融合研究》　　　《财经研究》

《赛迪译丛》　　　　《互联网研究》　　　　《装备工业研究》

《赛迪智库·软科学》　《网络空间研究》　　　《消费品工业研究》

《赛迪智库·国际观察》《电子信息产业研究》　《工业节能与环保研究》

《赛迪智库·前瞻》　　《软件与信息服务研究》《安全产业研究》

《赛迪智库·视点》　　《工业和信息化研究》　《产业政策研究》

《赛迪智库·动向》　　《工业经济研究》　　　《中小企业研究》

《赛迪智库·案例》　　《工业科技研究》　　　《无线电管理研究》

《赛迪智库·数据》　　《世界工业研究》　　　《集成电路研究》

《智说新论》　　　　《原材料工业研究》　　《政策法规研究》

《书说新语》　　　　　　　　　　　　　　《军民结合研究》

编 辑 部：赛迪工业和信息化研究院
通讯地址：北京市海淀区万寿路27号院8号楼12层
邮政编码：100846
联 系 人：刘颖　董凯
联系电话：010-68200552　13701304215
　　　　　010-68207922　18701325686
传　　真：0086-10-68209616
网　　址：www.ccidwise.com
电子邮件：liuying@ccidthinktank.com

赛迪智库
面向政府 服务决策

研究，还是研究
才使我们见微知著

信息化研究中心	工业化研究中心	规划研究所
电子信息产业研究所	工业经济研究所	产业政策研究所
软件产业研究所	工业科技研究所	军民结合研究所
网络空间研究所	装备工业研究所	中小企业研究所
无线电管理研究所	消费品工业研究所	政策法规研究所
互联网研究所	原材料工业研究所	世界工业研究所
集成电路研究所	工业节能与环保研究所	安全产业研究所

编 辑 部：赛迪工业和信息化研究院
通讯地址：北京市海淀区万寿路27号院8号楼12层
邮政编码：100846
联 系 人：刘颖 董凯
联系电话：010-68200552 13701304215
　　　　　010-68207922 18701325686
传　　真：0086-10-68209616
网　　址：www.ccidwise.com
电子邮件：liuying@ccidthinktank.com